LIBERTÉ DE LA PRESSE

DU MÊME AUTEUR

———

VIE PUBLIQUE

DE

ROYER-COLLARD

Un volume grand in-18

————

PARIS —TYPOGRAPHIE WITTERSHEIM

RUE MONTMORENCY, 8.

DE
LA LIBERTÉ
DE
LA PRESSE

PAR

LÉON VINGTAIN

AVEC UN APPENDICE

CONTENANT

LES AVERTISSEMENTS, SUSPENSIONS ET SUPPRESSIONS .
ENCOURUS PAR LA PRESSE QUOTIDIENNE ET PÉRIODIQUE
DEPUIS 1848 JUSQU'A NOS JOURS

PARIS
MICHEL LÉVY FRÈRES, LIBRAIRES-ÉDITEURS
RUE VIVIENNE, 2 BIS

—

1860

DE LA

LIBERTÉ DE LA PRESSE

« La liberté sans ordre est un libertinage
» qui attire le despotisme; l'ordre sans la
» liberté est un esclavage qui se perd dans
» l'anarchie. »

FÉNELON,
Examen de conscience sur les devoirs
de la royauté, p. 331.

La Constitution du 14 janvier 1852 n'a pas enfermé dans un cercle infranchissable les destinées d'un grand peuple[1]; elle a admis que des améliorations successives pourront dans l'avenir la modifier. Le sentiment public croit invinciblement au retour de la liberté dans notre pays : sans se rendre compte des événements qui pour-

___
[1] Préambule de la Constitution du 14 janvier 1852.

1

ront ramener son jour, tout le monde le prévoit et l'attend.

Lorsque ce jour arrivera sera-t-il sans importance de savoir, au moins par ouï-dire, ce que c'est que la liberté, quelles sont les conditions de son existence, quels sont ses avantages et ses dangers? Et, en conséquence, n'est-il pas de quelque intérêt d'examiner dans son essence, d'analyser dans sa nature, de suivre dans ses révolutions diverses la plus importante des libertés politiques : la liberté de la presse?

J'en parlerai sans embarras.

La liberté de la presse est peut-être la plus précieuse des conquêtes de la Révolution; elle fait essentiellement partie de cet ensemble d'idées connu sous le nom de principes de 89, principes que toutes les Constitutions françaises ont reconnus et que celle du 14 janvier 1852 « garantit et confirme. »

Cette unanimité, venue d'actes constitutionnels si divers et de tendances si opposées, n'aurait-elle pas quelque chose d'étrange, si elle ne s'expliquait par la reconnaissance d'une incontestable vérité, d'une vérité, théori-

quement du moins, démontrée jusqu'à l'évidence et pas-
sée à l'état de dogme dans ce que l'on pourrait appeler la
philosophie constitutionnelle de notre pays. Or, ne fût-ce
que par respect pour le texte du pacte gouvernemental en
vertu duquel ils étaient établis, tous les gouvernements
qui se sont succédé en France depuis soixante-dix ans
ont dû accepter ou subir la démonstration de ce dogme.
Aujourd'hui, comme autrefois, elle ne saurait être
interdite, car elle n'a jamais été et n'est, en fin de
compte, que le développement d'un principe constitutionnel.

Il est donc utile et possible tout à la fois de parler de
la liberté de la presse.

« Un certain jour de marché, le maître d'Ésope, qui
avait dessein de régaler quelques-uns de ses amis, lui
commanda d'acheter ce qu'il y avait de meilleur et rien

autre chose..... Le Phrygien n'acheta que des langues, lesquelles il fit accommoder à toutes les sauces : l'entrée, le second, l'entremets, tout ne fut que langues. Les conviés louèrent d'abord le choix de ce mets, à la fin ils s'en dégoûtèrent. — Ne t'ai-je pas commandé, dit le maître, d'acheter ce qu'il y aurait de meilleur? — Hé! qu'y a-t-il de meilleur que la langue? reprit Ésope. C'est le lien de la société civile, la clef des sciences, l'organe de la vérité et de la raison : par elle on bâtit les villes et on les police; on instruit, on persuade dans les assemblées, on s'acquitte du premier de tous les devoirs, qui est de louer les Dieux.—Eh bien! dit le maître, achète-moi demain ce qui est pire; ces mêmes personnes viendront chez moi, et je veux diversifier.

» Le lendemain Ésope ne fit encore servir que le même mets, disant que la langue est la pire chose qui soit au monde. C'est la mère de tous les débats, la nourrice des procès, la source des divisions et des guerres. Si on dit qu'elle est l'organe de la vérité, c'est aussi celui de l'erreur et de la calomnie. Par elle on détruit les villes, on persuade de méchantes choses. Si d'un côté elle loue les Dieux, de l'autre elle profère des blasphèmes contre leur puissance[1]. »

Cette fable si connue résume admirablement tout ce que l'on a dit et tout ce que l'on a pu dire depuis sur la libre manifestation de la pensée.

La parole était, dans la société antique, le seul instrument à l'aide duquel l'homme pût entrer en communication avec ses concitoyens. Les petites républiques municipales de la Grèce pouvaient facilement s'en contenter; les citoyens, réunis sur la place publique de la cité, s'instruisaient de leurs affaires par les luttes de la tribune et le pouvoir était presque toujours le prix de l'éloquence. Sans doute, dans ces débats, les vaincus se prenaient quelquefois à maudire une liberté qui tournait contre eux, à voir dans la parole « l'organe de l'erreur et de la calomnie, » à s'écrier « qu'elle détruit les villes et persuade de méchantes choses, » mais cependant personne n'eût voulu que l'homme devînt muet.

Les conditions de la liberté sont diverses suivant

----

[1] Lafontaine, *Vie d'Ésope*.

les temps : ce qui suffisait à Athènes ne nous suffit plus.

Quand une nation compte plusieurs millions de citoyens, la voix humaine n'est pas assez longue pour arriver à l'oreille de chacun, et peut-être qu'en raison même de l'étendue du territoire sur lequel elles sont dispersées, les sociétés modernes eussent été condamnées à perdre toute liberté, si la presse n'eût été donnée à l'humanité afin que l'expression de la pensée de l'homme ne connût plus de distances.

La presse, comme la parole, n'est, sous une autre forme, que la manifestation de la pensée : elle peut être bonne, elle peut être fausse, elle peut être perverse, mais elle n'en est pas moins pour nous ce que la parole était pour les Grecs : nous conseiller d'y renoncer, c'eût été conseiller aux Grecs de lire la fable d'Ésope et de se couper la langue.

Du reste, la liberté de la presse, la liberté de la parole ne sont pas ici le point capital du débat. Pour prévenir les écarts que l'on condamne, c'est sur la pensée humaine qu'il faudrait porter la main, c'est sa liberté qu'il faudrait anéantir, et avec elle la conscience, c'est-à-dire l'humanité tout entière.

Ces imprudents détracteurs de la presse, si facilement dédaigneux des vérités pour lesquelles des hommes de cœur et de génie ont lutté depuis des siècles, voudraient-ils, s'ils avaient la puissance de se refaire, pétrir leur cerveau afin que leur pensée, dépourvue de tout embarras, soit nécessairement, fatalement, portée vers un but unique? Voudraient-ils régler les mouvements de leur cœur afin qu'il ne battît plus que pour une seule fin? Voudraient-ils que leurs membres, ministres indifférents d'une volonté autre que la leur, ne fussent que les exécuteurs forcés d'actes sans mérite comme sans démérite?

Il faut cependant que l'humanité devienne une agrégation d'êtres ainsi faits, si l'on veut n'avoir plus d'écarts à lui reprocher; il faut découronner l'homme de la liberté, car la liberté suppose le choix possible entre le bien et le mal. Mais aussi c'est la liberté, et par là se révèle sa divine origine, qui seule donne une valeur à l'action; c'est elle qui la fait bonne ou mauvaise; sans elle, il n'y a plus de conscience; c'est elle enfin qui crée le vice et la vertu.

La presse, quand elle sait remplir sa mission et qu'elle le peut, est éminemment conservatrice et protectrice, deux qualités auxquelles ne pensent pas assez ceux qui l'ont prise pour but de toutes leurs attaques. La nuit et le silence sont les deux grands complices du mal; mais le mal veut surtout qu'on se taise autour de lui. Qui protégera la liberté individuelle du citoyen? qui assurera sa propriété contre les violences du puissant, si le puissant peut seul parler? qui élèvera contre ses entreprises la barrière de l'opinion? qui dira à chaque homme ses droits méconnus dans son semblable? qui lui montrera la main prête à s'étendre sur lui? Ce sera la presse. — Qui le ferait, si ce n'est elle? Que l'on veuille bien m'indiquer un autre ministère public près le tribunal suprême de la conscience de tous.

Si la presse est la patronne des droits de chacun, elle est aussi une nécessité pour les gouvernements. Que l'on imagine une situation politique telle que le pouvoir seul puisse parler, sans discussion de ses actes, sans contrôle pour ses affirmations, et, tant que l'Auteur de la nature n'aura pas changé les conditions de l'humanité, il viendra un jour où le pouvoir, aux mains d'un ou de plusieurs hommes, faillira ; il viendra un jour où l'opinion publique s'inscrira en faux contre ses paroles. Ce jour-là, ce pouvoir portera la peine d'avoir pris une tâche au-dessus des forces humaines. On peut s'attribuer le droit de parler à l'exclusion de tout autre, on ne peut s'attribuer la puissance de convaincre toujours ; et alors que l'opinion cherche à chaque mot un sens caché sous son sens ordinaire, qu'elle torture l'expression de la plus simple pensée pour y découvrir une tendance inconnue, que l'inquiétude et le doute sont dans tous les esprits, l'accusation vient bientôt sur toutes les lèvres. Alors, comment ramener la confiance? Le silence l'altère de plus en plus, et, par un juste châtiment, la liberté de la presse, qui aurait prévenu ces malheurs, ne peut plus apporter à ceux qui l'ont enchaînée que la ruine.

Ah! sans doute si, par un singulier privilége, la presse avait reçu en don l'infaillibilité et la justice absolues, elle ne rencontrerait pas d'adversaires. Mais elle

1*

n'est qu'une manifestation de la pensée humaine et elle porte en elle toute l'infirmité de notre nature. Que la presse ait commis des fautes, qui le nie? Ses amis les plus sincères n'ont pas, en général, attendu que sa liberté n'existe plus pour blâmer ses excès, et ils les ont blâmés, d'abord parce qu'ils y voyaient un danger public, et ensuite parce qu'ils y voyaient un danger pour elle-même.

C'est dans leurs écrits, dans leurs discours, qu'il faut chercher, avec la preuve de la nécessité de la liberté de la presse chez les peuples libres, l'ensemble des mesures qui doivent être appliquées à sa police.

L'histoire de la liberté de la presse comprend trois grandes époques : la reconnaissance du principe, — sa démonstration philosophique et politique, — sa mise en pratique : 1789, 1815 — 1815, 1830 — 1830, 1852.

1789—1815

1789—1815

Les générations, en se succédant, reçoivent de celles qui les précèdent une somme d'idées, d'opinions, de sentiments dont l'ensemble forme le caractère intellectuel du temps où elles ont vécu.

Les hommes de 1789 avaient hérité d'un gouvernement absolu plusieurs fois séculaire et de croyances philosophiques singulièrement opposées à l'état social qui les entourait.

L'ancienne société française, composée de classes différentes, présentait dans les personnes et dans les biens une des plus puissantes hiérarchies que les hommes, aidés du temps, aient pu construire. Ce fut contre elle que la philosophie du xviiie siècle porta tous ses coups. A l'homme entravé par tous les liens résultant de l'organisation sociale qu'elle avait sous les yeux, elle opposa

l'homme livré à lui-même, sans rapports avec ses semblables, mais fort de sa liberté intellectuelle et physique : elle osa dire que l'homme tenait de son auteur
d'imprescriptibles droits que la société devait respecter
et elle les réclama pour lui. Pour les lui assurer elle
voulut refaire la société. On sait quelles déplorables
erreurs elle commit : parlant au nom de la liberté, elle
termina son œuvre par un doute sur la nécessité de
l'esclavage, contradiction qui devait faire condamner le
livre et la doctrine de Jean-Jacques, mais qui n'en laissait pas moins dans toute leur valeur et dans toute leur
force les coups qu'il avait portés à la société de son
temps.

Les contemporains eurent-ils un discernement bien sûr
des vérités et des erreurs du livre? Non sans doute :
aussi furent-ils entraînés à rompre avec le passé, à faire,
comme on dit, table rase : toute tradition dut céder à
tout principe philosophique, et comme ces principes
condamnaient un état social détesté, comme les hommes
de 1789 sortaient d'un long absolutisme dont ils pensaient empêcher le retour par la déclaration des droits

de l'homme, ils se pressèrent de les proclamer, sans se montrer trop difficiles sur leur démonstration. Ils y crurent plus par sentiment que par raisonnement. Sans doute ils eurent trop de confiance dans la valeur de la déclaration de ces droits pour leur établissement défini-tif; sans doute ils oublièrent que les droits politiques se fondent plus par la pratique que par leur enregistre-ment dans le préambule de telle ou telle Constitution; que la résistance légale d'Hampden avait été plus utile à la liberté de l'Angleterre que toutes les reconnais-sances constitutionnelles ne pouvaient l'être. Mais leur œuvre pour cela n'en est pas moins grande et tant que l'humanité n'aura pas abdiqué sa nature, elle payera à ces hommes, quelle qu'ait été la destinée de leur œuvre, un juste tribut de reconnaissance et d'hommages.

J'avais besoin de préciser le caractère des discussions de l'Assemblée constituante de 1789; par rapport à la liberté de la presse, on y chercherait en vain la démons-tration du principe philosophique; on l'y trouvera pro-clamé d'enthousiasme et par conséquent non discuté. Personne, en effet, ne songeait à le contester : en cela,

le gouvernement était d'accord avec la nation. Le jour
même où se réunirent les États Généraux, le garde des
sceaux signala à l'Assemblée la réglementation de la
liberté de la presse comme un des plus importants objets
soumis à ses délibérations [1]. Plus tard, le roi lui-même,
dans la déclaration de ses intentions, leur recommandait de nouveau d'examiner et de lui faire connaître
« le moyen le plus convenable de concilier la liberté de
la presse avec le respect dû à la religion, aux mœurs
et à l'honneur des citoyens [2]. »

Malgré ces instances, l'Assemblée nationale constituante, pressée d'autres soins, une Constitution à faire,
tout le pays à administrer dans des temps de trouble,
ne nous a pas laissé de législation de la presse. Mais le
projet de loi qui lui fut présenté n'en conserve pas
moins la vive empreinte de sa pensée; l'on y trouve con-
sacrées toutes les conditions que l'Assemblée regardait
comme nécessaires à l'existence de la liberté de la presse.
L'Assemblée s'associa à la voix de Siéyès lorsqu'il disait :

[1] *Moniteur*, 1789, 1er semestre, page 2.
[2] *Moniteur*, 1789, 1er semestre, pag

« La liberté de la presse, véritable garant du droit individuel et public contre le despotisme du pouvoir, censeur des abus dont elle prépare la ruine, précurseur des
bonnes institutions dont elle hâte l'avénement, a en cela
le même caractère que toutes les autres libertés qu'elle
est de droit naturel, que la loi ne fait que la protéger
et ne la donne pas. Poser ses limites et punir si elles
sont dépassées, caractériser les délits, régler les peines,
atteindre les accusés, déterminer l'instruction et le jugement, voilà la tâche du législateur[1]. »

Il faut en ce monde que l'inviolabilité soit quelque
part, c'est la conséquence de l'imperfection de notre nature. L'intelligence s'arrête à certains axiomes, les forces
physiques de l'homme devant certains faits : en philosophie, en morale, en politique, il est des vérités, des
règles, des contrats que la raison, la conscience, la nécessité imposent à l'homme. Sans ce frein salutaire tout
serait en question : la pensée, la vie, la société n'auraient
plus d'autres lois que les imaginations et les appétits individuels, ou plutôt elles seraient sans lois.

---

[1] *Moniteur*, 1790, 2ᵉ semestre, page 04.

Réclamer pour la presse la liberté absolue, c'est méconnaître une des principales lois de ce monde. Ici-bas tout est mesure et ne vit que par mesure. Dans l'ordre matériel le principe de production est sans cesse limité par le principe de destruction, et de leur lutte naît la mesure des choses. Dans l'ordre moral un principe quelconque vient se heurter dans une de ses conséquences contre la déduction d'un autre principe d'une valeur égale, et c'est la connaissance exacte du point précis où chaque vérité doit céder à une vérité contraire qui forme l'ensemble de ce que les hommes ont appelé la sagesse humaine.

L'Assemblée constituante de 1789 était trop sage pour ne pas imposer des limites à la liberté de la presse ; le projet de loi les fixa en vue de la Constitution qui se préparait. Il plaçait en droit, hors des attaques de la presse, la personne royale et les bonnes mœurs. Il n'hésita pas à étendre jusqu'à l'écrivain la responsabilité des crimes publics et privés lorsque sa complicité d'intention était établie : principe éminemment moral et qui doit être une des bases de toute législation de la presse.

Enfin, pour juridiction répressive des délits de la presse, il proposait le jury. Je ne m'arrêterai pas à cette importante innovation, l'Assemblée ne la discuta pas ; elle devait faire plus tard l'objet d'immortels débats. J'observerai seulement que, dans le projet de loi de 1790, le jury applicable à la presse était un jury spécial : les auteurs seuls étaient appelés à en faire partie.

Les nations qui naissent à la liberté ont trop de confiance en elles-mêmes, trop de foi dans les vérités qui les passionnent, pour prévoir d'avance le retour de l'arbitraire. L'Assemblée nationale avait limité l'action légale de la presse; pour limiter l'action du pouvoir sur la presse elle se borna à attribuer au jury la répression des délits que la presse pouvait commettre. Un empiétement du pouvoir, la saisie préalable d'un journal, vint bientôt prouver qu'en ce sens elle n'avait pas fait assez et inspirer à un homme qui joignait à un grand esprit un grand amour de la liberté, à Condorcet, les réflexions suivantes sur les mesures préventives en matière de presse[1] :

[1] *Moniteur*, n° 215, 1791.

« Que la publication d'un ouvrage puisse être un délit, c'est ce que dans l'état d'imperfection où est l'espèce humaine il est peut-être difficile de nier ; mais défendre un ouvrage avant qu'il existe, soumettre à des peines celui qui le distribue, sans savoir encore si l'ouvrage est innocent ou dangereux, c'est attaquer directement la liberté de la presse et avec elle l'unique rempart de la liberté des nations. . . . .

» Ce n'est pas parce que l'ouvrage prohibé est bon ou mauvais, c'est parce qu'il est prohibé d'avance, qu'une injonction comme celle de la police est à la fois une violation de la déclaration des droits et un attentat contre la liberté. Convaincu que celle de la presse est la seule barrière dont la tyrannie la plus adroite ne puisse se jouer, qu'il me soit permis de prendre ici l'engagement. de dénoncer, non à l'accusateur de tel ou tel arrondissement, mais à la France entière, mais à l'Europe, toutes les atteintes qu'un pouvoir quelconque essayera de porter à ce bouclier sacré de nos droits. . . . . . . J'ai osé quelquefois dire la vérité sous l'ancien despotisme, j'oserai la dire encore quel que soit celui qu'on nous prépare. Les hypocrites amis de la liberté peuvent faire de moi une victime, mais je ne serai jamais leur instrument ni leur dupe. »

Deux ans plus tard la Convention donnait raison à ces tristes pressentiments.

De nos jours une école, heureusement peu nombreuse, est venue entreprendre de réhabiliter la Convention, sinon dans ses actes, au moins dans ses doctrines. Je trouve dans les discussions qui eurent lieu au sein de cette Assemblée, je ne dis pas la justification, mais l'explication de ce paradoxe.

Que l'on veuille bien suivre en effet les délibérations de la Convention sur la liberté de la presse, et quelles qu'aient été les difficultés intérieures et extérieures du gouvernement de cette époque, personne ne propose des mesures contre la presse, tout le monde au contraire réclame sa liberté. Un journaliste est incarcéré, et la Convention le rend à la liberté[1]; des représentants en mission suspendent des journaux, et la Convention casse

---

[1] *Moniteur*, 1793, 1er semestre. Séance du 1er février.

leurs arrêts et interdit à ses commissaires d'en prendre de semblables à l'avenir [1] ; enfin, quand Robespierre est tombé, on ne trouve pas un mot dans ses discours ou dans ceux de ses complices qui soit attentatoire à la liberté de la presse.

Cela est vrai, parfaitement vrai, et je confesse que, pour celui qui ne saurait que cela de l'histoire de la Convention, il serait évident que la liberté de la presse a existé sous le gouvernement du Comité de salut public. Mais si on révélait à cet homme, je ne dis pas les faits qui ont fixé dans l'histoire et dans la conscience des honnêtes gens le triste caractère de cette époque, mais une seule loi de la Convention, celle des suspects ; s'il y trouvait ce qui suit, je copie :

Art. 1er. Immédiatement après la publication du présent décret, tous les gens suspects qui se trouvent dans le territoire de la République et qui sont encore en liberté seront mis en état d'arrestation.

Art. 2. Sont réputés gens suspects : 1° ceux qui soit

---

[1] *Moniteur*, 1793, 1er semestre, pages 315, 637.

arleur conduite, soit par leurs relations, soit par leurs
ropos ou *leurs écrits*, se sont montrés partisans de la
yrannie ou du fédéralisme et ennemis de la liberté ;
° ceux qui ne pourront justifier de la manière prescrite
par le décret du 31 mars dernier de leurs moyens d'exister et de l'acquit de leurs devoirs civiques; 3° ceux à
qui il a été refusé des certificats de civisme; 4° les fonctionnaires publics suspendus ou destitués de leurs fonctions par la Convention nationale ou par ses commissaires et non réintégrés, notamment ceux qui ont été ou
qui doivent être destitués en vertu du décret du 14 août
dernier; 5° ceux des ci-devant nobles, ensemble les ma-
ris, femmes, pères, mères, fils ou filles, frères ou sœurs
et agents d'émigrés, qui n'ont pas constamment manifesté leur attachement à la Révolution, etc. etc.

Que penserait cet homme des doctrines de la Convention en général, de son respect pour la liberté de la
presse en particulier? Là où la pensée devenait un crime,
que devait être son expression publique?

En fait, veut-on savoir pourquoi la Convention ne fit
pas de lois contre la presse? Rien n'est plus simple, elle

n'en eut aucun besoin : la crainte de la guillotine fut son censeur.

S'il fallait fournir une preuve de ce que j'avance, je la trouverais dans la discussion qui eut lieu quelques jours après l'exécution de Robespierre; les témoignages les plus compétents et les plus curieux abondent pour démontrer jusqu'à l'évidence que la presse ne fut pas libre sous la Terreur; la Convention se demande en effet si elle ne doit pas proclamer de nouveau la liberté de la presse, si elle ne doit pas faire une loi pour la sauvegarder à l'avenir. On renvoya la question aux comités et aucune loi ne fut rendue; mais, fidèle à sa pensée, la Convention n'en crut pas moins qu'il était utile de consacrer de nouveau le principe de la liberté de la presse par une disposition explicite dans la Constitution de l'an III.

La liberté de la presse est une de ces plantes délicates qui ne prospèrent que dans un sol et sous un climat qui leur agréent. Cette vigilante gardienne du droit veut autour d'elle un respect de la loi poussé jusqu'au scrupule; elle exige des nations le renoncement à la force, elle impose aux gouvernements l'honneur, elle les oblige à mériter l'estime et la confiance des peuples, seul moyen pour les gouvernements de recevoir chaque jour cette sorte de légitimité qui naît de l'approbation éclairée et continue de leurs actes, véritable expression de la volonté nationale parce qu'elle est permanente et libre.

En 1795 rien n'était prêt pour la liberté de la presse. On pouvait la décréter, mais pouvait-on espérer la voir renaître? Le régime de la Terreur n'avait-il pas perverti les âmes en les dépouillant de tout respect du droit, en leur enseignant à ne fléchir que sous la force? N'avait-il pas semé au sein de la nation toutes les causes de division et de trouble? Le gouvernement nouveau était et se sentait un parti; les hommes qui le composaient avaient encore un pied dans le sang; une solidarité fâcheuse avec certains d'entre eux, plus que compromis dans leur honneur, répandait même autour des meilleurs la déconsidération et la défiance. La presse devait dire ce que tout le monde pensait de pareils hommes, et dans l'intérêt de tel ou tel parti ébranler un gouvernement déjà déconsidéré. Sous son inspiration, des élections menaçantes pour le Directoire envoyèrent dans les conseils du pays une majorité anti-révolutionnaire. On sait comment le parti républicain répondit à cette libre manifestation de la volonté nationale par le coup d'État du 18 fructidor.

La déportation des rédacteurs de quarante-deux journaux punit ceux qui avaient usé dans le passé de l'indépendance de la presse, en même temps que la loi de sûreté générale du 19 fructidor mit sous l'inspection de la police tous les journaux et toutes les feuilles périodiques. C'en était fait de la liberté. Cette loi, prorogée chaque année[1], constitua le régime de la presse pendant presque toute la durée du gouvernement directorial; elle ne fut rapportée que deux mois avant sa chute[2].

Ce fut aussi sous le Directoire que l'impôt du timbre fut étendu à tous les journaux et écrits périodiques[3]. Il en est qui voient dans cette mesure fiscale une disposition préventive, contraire au principe même de la li-

---

[1] 13 brumaire an VI.

[2] 7 thermidor an VII.

[3] 9 vendémiaire an VI.

berté de la presse ; je ne saurais partager entièrement leur sentiment. Que l'impôt du timbre soit dans certaines circonstances une entrave à la liberté de la presse, cela peut être, mais qu'il soit absolument condamnable, je ne le pense pas. L'établissement d'un journal doit être considéré sous deux points de vue tout différents : on peut y voir d'abord une tribune ouverte à certaines idées, mais il faut reconnaître aussi qu'à cette entreprise politique se mêle une opération purement commerciale. Il est de règle que chacun doit contribuer aux charges de l'État proportionnellement à son revenu : de là, sous une foule de formes diverses, les impôts qui atteignent la propriété, l'industrie, le commerce. On a pu critiquer leur quotité ou le mode de leur perception, mais jamais on n'en est venu à penser que ces impôts fussent attentatoires aux principes de la liberté de la propriété et de l'industrie. Or, un journal étant destiné à produire des revenus, il se trouve, au point de vue de l'impôt, dans une situation identique à celle de toute autre propriété : si le législateur est tenu de respecter l'entreprise politique, il ne doit à l'établissement industriel aucun privilége, aucune exemption d'impôt.

Le 18 brumaire trouva la liberté de la presse reconnue en droit, mais en fait peu pratiquée ; la Constitution de l'an VIII, beaucoup plus administrative que politique, ne contint aucune déclaration de droits, mais les consuls, en la présentant à l'acceptation du peuple français dans un acte que l'on peut considérer comme le préambule de ce pacte gouvernemental, n'en rendirent pas moins hommage aux principes de 1789. « Citoyens, y est-il dit, la révolution est fixée aux principes qui l'ont commencée, elle est finie. »

Ce fut sous cette promesse que la Constitution fut offerte à la ratification du pays, ce fut sous cette promesse qu'elle fut acceptée. J'ai dit plus haut comment la liberté de la presse faisait essentiellement partie des principes de 89 ; si donc elle n'était protégée par aucune des dispositions expresses de la Constitution de l'an VIII, elle l'était au moins par son esprit. Le gouvernement d'alors n'en tint pas compte et sévit contre elle avec la dernière rigueur.

La pensée publique est toujours la préoccupation première des gouvernements qui s'établissent. Despotiques, ils veulent s'en emparer ; libéraux, ils s'efforcent seulement d'en contenir l'abus. Ce qu'ils font par rapport à la presse détermine ce qu'ils sont : il n'est pas de meilleur témoignage pour les juger tout d'abord.

Je sais le légitime enthousiasme qui salua l'avénement du Consulat et tous les souvenirs que ce gouvernement a laissés ; mais quand on lit ses lois sur la presse, on sent qu'il ne fut que le lever de rideau de l'Empire. Jusqu'alors la liberté était restée le principe, malgré les exécutions sanglantes de la Convention, les déportations du Directoire. Du premier coup le Consulat la frappa au cœur : jusqu'alors chacun pouvait, à ses risques et périls, fonder un journal ; l'établissement du 18 brumaire dénia ce droit à tout citoyen ; il fit de la presse périodique un monopole, il ne conserva que treize grands journaux politiques et chargea le ministre de la police de veiller à ce qu'aucun autre ne s'imprimât. Ces feuilles privilégiées elles-mêmes purent être supprimées par voie administrative [1].

---

[1] Arrêté des consuls, 27 nivôse an IX.

Tel fut le régime de la presse sous le Consulat; la Constitution impériale de l'an XII n'y apporta en fait aucun changement; mais telle est la force de la vérité, qu'elle contraint les plus rebelles à lui rendre hommage: au moment où la presse succombait sous l'étreinte de la police, un décret organique de la Constitution nouvelle semblait donner des garanties à la liberté : une commission dite de la liberté de la presse était créée au sein du Sénat [1].

Cette commission pouvait-elle présenter quelque ombre de garantie? Si on put l'espérer, il fallut bien vite renoncer à cette espérance. C'est le malheur des gouvernements immodérés d'être dans l'impuissance de respecter les bornes qu'ils voudraient s'imposer à eux-mêmes, de ne trouver autour d'eux que des agents passifs, tellement façonnés à l'obéissance, qu'ils semblent ne se permettre de penser qu'après autorisation préalable. Aucune protestation ne révéla à la France l'existence de cette commission, et cependant, il faut le reconnaître, il y avait de quoi protester !

[1] 28 floréal an XII, art. 64.

On peut en juger :

Le succès d'aucun journal n'était alors comparable à celui du journal des *Débats*. Rédigé avec cet esprit de modération et de sagesse qui semble être chez ses propriétaires un héritage de famille, il s'était soutenu au milieu des orages de la Révolution, malgré les accusations du parti révolutionnaire et philosophique. Sa tenue, la mesure de son langage en avaient fait, à la fin du Directoire, l'organe naturel de ces hommes qui ne peuvent rien au commencement des troubles, mais qui peuvent tout à la fin ; l'excellence de sa rédaction lui avait conquis tous les lettrés. L'arrêté du 27 nivôse an ix le maintint au nombre des treize grands journaux qu'il laissait subsister, et la disparition de la plupart des feuilles périodiques contribua encore à augmenter le nombre de ses abonnés. Ses bénéfices annuels s'élevaient à deux cent mille francs ; prospérité dangereuse sous un gouvernement qui pouvait tout et qui sentait l'importance d'avoir à sa disposition un aussi puissant instrument pour diriger l'opinion.

La plus prudente discrétion présidait à la rédaction du

journal, et ce qui le prouve, c'est que, pour sévir contre
lui, il fallut avoir recours aux plus vains prétextes. La
reproduction d'un article déjà publié, son nom même,
qui rappelait, disait l'Empereur, les souvenirs de la Révolution, des inculpations vagues et indéterminées, lui
firent d'abord donner un censeur spécial.

A l'occasion de cette mesure, l'Empereur, dans une
note adressée à l'un de ses confidents, exposa quelle était
alors sa pensée sur la liberté de la presse et indiqua à
quelles conditions les propriétaires du *Journal des Débats* devaient souscrire pour sauvegarder une partie de
leurs droits.

« Il n'est pas suffisant, y est-il dit, que les journaux
se bornent aujourd'hui à n'être pas contraires, on a le
droit d'exiger qu'ils soient entièrement dévoués à la dynastie régnante. . . . .

» Toutes les fois qu'il parviendra une nouvelle désa-
gréable au gouvernement, elle ne doit point être publiée
jusqu'à ce qu'on soit tellement sûr de la vérité qu'on ne
doive plus la dire, parce qu'elle est connue de tout le
monde. Il n'y a pas d'autre moyen d'empêcher qu'un jour-

nal ne soit arrêté. . . . . On n'a encore pris aucun parti ; on est disposé à conserver le *Journal des Débats*, si l'on *me* présente, pour mettre à la tête de ce journal, des hommes en qui *je* puisse avoir confiance, et pour rédacteurs des hommes sûrs, qui soient prévenus contre les manœuvres des Anglais et qui n'accréditent aucun des bruits qu'ils font répandre: . . . .

» Il n'y a pas d'autre moyen de donner de la valeur à la propriété du *Journal des Débats* que de le mettre entre les mains d'hommes d'esprit attachés au gouvernement. Il faut, dit enfin la note en terminant, que les propriétaires de ce journal présentent quatre rédacteurs sûrs et des propositions pour acheter la réduction de quelques journaux. Il sera possible, avec cette garantie, de consolider leur propriété et de la rendre aussi solide qu'un fonds de terre. [1] »

---

[1] *Corresp. et Relations de F. Fiévée avec Bonaparte*, édition Desrez, 1837, pages 114, 115, tome II.

Le passage suivant ne laisse aucun doute sur l'authenticité de cette note :

« Ce qui est guillemeté dans la note qu'on va lire l'était dans l'original, qui est remarquable sous deux rapports : le premier, par l'impossibilité où se trouve l'Empereur de parler du journal sans

Or, pour employer le langage de cette note, voici comment on « consolida la propriété du *Journal des Débats* » : un directeur dévoué et sûr lui fut imposé, en même temps qu'un quart des revenus du journal fut affecté aux honoraires de la nouvelle rédaction [1]. Mais cela ne suffisait pas à la police impériale : le journal n'était pas à elle et conservait même vis-à-vis d'elle certaines allures d'indépendance. De là des luttes sans cesse renaissantes, des défenses d'imprimer émanées du ministère de la police et des plaintes du directeur, arrivant jusqu'à l'Empereur [2]. Aussi résolut-il d'en finir. L'État s'empara du journal. Tout fut saisi, jusqu'à l'argent en caisse et au mobilier [3]. La spoliation était consommée. A chaque oppression ses procédés particuliers : la Convention avait tué, le Directoire avait déporté, l'Empire confisquait.

passer aux hommes avec si peu de transition, que le pronom *ils* arrive sans qu'on puisse savoir à quoi il se rapporte ; le second que, après avoir mis de l'affectation à ne se montrer que sous la particule *on*, le pronom *je* se produit tout naturellement. (Fiévée, tome II, p. 112, *in fine*.)

[1] *Ibid.*, p. 141.

[2] Fiévée, *passim*.

[3] Voir la *Biographie universelle*, art. BERTIN.

Il était facile de prévoir cette suprême violence. Le *Journal des Débats*, devenu le *Journal de l'Empire*, était en 1811 le seul agent de publicité qui ne relevât pas immédiatement de la police.

Le décret du 5 février 1810 avait établi la censure non plus seulement pour les écrits périodiques, mais il l'avait étendue à toute espèce de publication. Ce décret fixait le nombre des imprimeurs et des libraires et faisait de ces deux corps d'état deux corporations privilégiées. Il donnait au directeur général de la librairie, au ministre de la police et aux préfets dans les départements, la faculté d'ordonner de surseoir à l'impression de tout ouvrage, pour le faire examiner par un censeur. Sur le rapport de ce censeur, les changements et suppressions jugés convenables étaient signalés à l'auteur, et si ce dernier se refusait à les faire, la vente de l'ouvrage pouvait être interdite, les feuilles et exemplaires déjà imprimés pouvaient être saisis. Tout écrit venant de l'étranger ne devait être introduit en France qu'avec une permission spéciale du directeur général de la librairie.

Enfin cette législation bienveillante daignait « accor-

der aux auteurs et aux imprimeurs la garantie d'une
censure préalable » qu'ils pouvaient solliciter. Leur donner l'occasion de manifester leurs bonnes intentions, tel
était sans doute l'unique but de cette prétendue faveur ; car le permis d'imprimer, accordé après examen,
ne garantissait pas l'auteur contre un ordre de saisie décerné par le ministre de la police.

Ce n'était pas encore assez : un dernier décret[1] décida
qu'il ne devait y avoir dans chaque département, celui
de la Seine excepté, qu'un seul journal, lequel était mis
sous l'autorité du préfet et ne pouvait paraître sans son
autorisation. Ainsi la police s'était rendue maîtresse de
la manifestation de la pensée sous toutes ses formes. A
ce prix, elle crut pouvoir répondre à l'Empereur de l'o-
pinion publique.

Ces mesures particulières ou ces dispositions générales n'amenèrent aucune protestation de la part de la
commission sénatoriale de la liberté de la presse. Le
Sénat n'éleva la voix que le jour où il fallut précipiter

[1] Décret du 3 août 1810.

l'Empereur vaincu. Il se souvint alors seulement de la liberté de la presse; dans le célèbre décret de déchéance, acte d'accusation dressé par le Sénat plus encore contre lui-même que contre l'Empereur, on lit avec étonnement ce qui suit :

. . . .

« Considérant que la liberté de la presse, établie et consacrée comme un des droits de la nation, a été constamment soumise à la censure arbitraire de Napoléon Bonaparte, et qu'en même temps il s'est toujours servi de la presse pour remplir la France et l'Europe de faits controuvés, de maximes fausses, de doctrines favorables au despotisme et d'outrages envers les gouvernements étrangers . . . .

« Le Sénat déclare et décrète ce qui suit : Napoléon Bonaparte est déchu du trône, et le droit d'hérédité établi dans sa famille est aboli. »

Triste exemple de l'abaissement des âmes avilies par le despotisme! Après tant de servilité, tant d'impudeur!

Pour juger le gouvernement de la Restauration dans

ses rapports avec la liberté de la presse une étude d'en-semble est nécessaire. Je n'en parlerai donc pas ici, mais je rattacherai immédiatement au premier Empire les Cent Jours, cette instructive et dernière page de son histoire.

La Constitution sénatoriale du 6 avril 1814 avait con-sacré le principe de la liberté de la presse. Elle la met-tait sous la sauvegarde de la même commission sénato-riale qui, sous l'Empire, avait veillé sur elle; ce qui, il faut en convenir, n'était pas absolument rassurant à ju-ger de l'avenir par le passé. La Charte de 1814 avait énu-méré la liberté de la presse au nombre des droits publics des Français. Qu'allait faire l'Empereur après le retour de l'île d'Elbe? Il se trouvait dans des circonstances toutes nouvelles pour lui; il n'avait connu de la France que sa soumission; pendant treize années, séduite par la gloire, elle avait fait litière de toutes ses libertés et de tous ses droits. Il la retrouvait menaçante, irritée, à bout de sacrifices, lui imposant ses conseillers, lui demandant compte de ses actes, avide de liberté plus que de puis-sance : l'Empire plutôt discuté qu'accepté, l'Empereur non plus acclamé, mais subi. Telle était au vrai la situation, et nul ne le sentait mieux que l'Empereur. Qu'allait-il faire? Plier jusqu'à ce qu'une victoire qu'il espérait lui ramenât le pays, s'amoindrir sans s'effacer jusqu'à l'heure où le vieil homme pourrait renaître : politique percée à jour par ses plus intimes confidents et qui, après bientôt un demi-siècle, apparaît nettement dans les résistances comme dans les complaisances de l'Empereur.

N'est-ce pas là, la législation et les violences de l'Empire une fois connues, l'explication de ces étranges paroles tombées de la bouche de l'Empereur : « Des discussions publiques, des élections libres, des ministres responsables, la liberté de la presse, je veux tout cela ; la liberté de la presse surtout; l'étouffer est absurde, je suis convaincu sur cet article [1]. »

Et, en conséquence, l'acte additionnel contint la disposition suivante :

« Tout citoyen a le droit d'imprimer et de publier ses

---

[1] Benjamin Constant, *Mémoire sur les Cent Jours*, t. ii, p. 24.

pensées en les signant, sans aucune censure préalable, sauf la responsabilité légale après publication, par juge-ment par jurés, quand même il n'y aurait lieu qu'à l'application d'une peine correctionnelle.»

1815—1830

1815 — 1830

Je ne veux pas introduire dans le sujet que je traite des considérations étrangères, mais, au point où j'en suis arrivé, il est nécessaire de ne pas se renfermer dans l'appréciation des lois sur la presse pour reconnaître quel fut le degré de sa liberté.

Agir autrement ce serait vouloir se tromper.

Que l'on suppose en effet deux gouvernements différents : l'un organisé avec des Assemblées libres, avec la liberté de la tribune, avec la responsabilité ministérielle, mais soumettant la presse à une censure préalable ; l'autre, sans conseils nationaux ou avec des conseils muets, sans responsabilité pour les premiers dépositaires de l'autorité, mais ne pouvant, aux termes de la loi, intervenir contre la presse que par voie répressive, et celui qui se contenterait d'analyser la législation particulière de la presse sous ces deux gouvernements, qui, sans aller au fond des choses, s'arrêterait à l'apparence, déclarerait sans hésiter que sous le premier la presse a dû être esclave, que sous le second la presse a dû être libre : cependant il a pu se faire qu'il en fût tout autrement. La liberté politique ne réside pas dans une ou deux garanties inscrites dans la loi, sa plus solide base est dans les mœurs, et chez les peuples encore jeunes dans la pratique des libertés publiques, à défaut de mœurs, sa plus solide base est dans l'ensemble de la législation, dans l'esprit des Institutions gouvernementales.

Que la liberté de la presse soit entière de par la loi, qu'en l'absence de toute autre liberté publique elle soit seule debout vis-à-vis d'un gouvernement dont elle est l'unique frein, sans intermédiaire entre elle et lui, et sans aucun doute la lutte la plus acharnée surgira entre les deux pouvoirs sociaux. De quelque côté que tourne la victoire, elle ne saurait qu'être fatale à la presse: vaincue, elle perdra toute liberté; triomphante, son triomphe ne sera qu'éphémère. Fatiguant l'opinion par ses imprudences et par ses divisions, fournissant des

armes contre elle-même, bientôt accusée d'être la cause
de tous les désordres, elle sera livrée au premier pouvoir
régulier qui voudra étendre la main sur elle. Sans appui
sérieux dans les mœurs, sans gardien respectable dans
les pouvoirs constitués, la liberté de la presse ne peut
vivre, elle disparaîtra, et si l'on ne trouve aucun monu-
ment législatif qui atteste sa ruine, c'est que par des
moyens détournés le pouvoir aura su l'assujettir, ou bien
qu'il aura eu, comme la Convention, la terreur pour la
dominer.

Au contraire, la censure pèse sur la presse, mais des
Assemblées libres surveillent le gouvernement, contrô-
lent sa marche, exercent sur la direction des affaires une
influence décisive, conseillent, approuvent, répriment
les agents responsables du pouvoir; dans leurs débats
publics elles discutent les droits, défendent les intérêts,
recherchent les tendances ou les besoins de la nation,
et, quelle que soit la législation particulière de la presse,
l'heureuse influence d'une Constitution libre s'étend jusqu'à elle, force à la modération, aux ménagements vis-
à-vis d'elle; protégée par l'ensemble des institutions po-

litiques, elle ne peut plus perdre de terrain, elle ne peut
que consolider et augmenter ses avantages, et, en dépit
de la censure, à cette vie qui l'entoure elle emprunte je
ne sais quelle vie en quelque sorte étrangère à elle-
même.

Telle fut sa situation sous la Restauration.

Les adversaires et les partisans de ce régime ont trop
oublié le grand rôle que ce gouvernement a joué dans
la noble entreprise d'établir en France la liberté politique. Cette première tentative de gouvernement constitutionnel, ces traditions de 1789, reprises sous l'aile de la
royauté, sont et demeureront dans l'histoire, en dépit
des attaques du passé comme des désertions du présent,
l'honneur de la Restauration.

Ce fut l'époque, non de la pratique complète du
gouvernement parlementaire, mais de la démonstration doctrinale des principes sur lequel il repose. Rapports de la religion et de l'État, influence de la législation civile sur la constitution politique, prérogative
royale, rôle des Assemblées dans le gouvernement constitutionnel; liberté de la tribune, liberté de la presse

surtout, telles furent les grandes questions discutées dans les Chambres de la Restauration; à leurs débats rien ne manquait, ni la science des hommes d'État, ni le talent des orateurs, ni la liberté de la parole, ni l'attention publique aliment et soutien de l'éloquence, ni la tranquillité de la rue qui laisse à la méditation le calme de l'esprit, à la pensée son impartialité et sa mesure. Sous ce régime, en l'espace de douze années, huit lois sur la presse furent successivement présentées aux Chambres; c'est dans les comptes rendus de leurs libres discussions qu'il faut aller chercher ce que l'on pensait alors de la liberté de la presse et des conditions de son existence.

Il faut conserver à chaque époque son caractère; les hommes d'État de la Restauration, la plupart fils du XVIIIe siècle, se plaisaient à chercher dans les spéculations élevées de la raison pure la justification de leurs systèmes politiques. Aujourd'hui, je le sais, on est plus amoureux d'applications que de théories, et ce qui va suivre est peut-être trop philosophique pour le goût de ce temps-ci; mais en parlant de nos pères, en rappelant ce qu'ils pensaient, je dois dire pourquoi ils pensaient ainsi, je dois instruire ce grand procès de la liberté de la presse comme il fut instruit devant eux, et peut-être eux-mêmes ne jugeraient-ils pas inutile de remettre sous les yeux de leurs enfants le résumé de ces grands débats qui portèrent la conviction dans leur âme et les rendirent si partisans de la liberté de la presse.

Les gouvernements sont de deux natures différentes : les uns, repoussant toute intervention nationale, ne reconnaissent pour règle que la volonté absolue du souverain ; les autres admettent dans une proportion plus ou moins étendue les citoyens à prendre part à la direction des affaires publiques.

L'élection est l'âme de ces derniers ; car c'est par des conseils composés de membres élus que se manifeste cette intervention nationale au sein de l'État ; or, pour que l'élection soit ce qu'elle doit être, il faut que ceux que la Constitution fait dépositaires du droit de suffrage soient éclairés sur les droits de la nation, sur les hommes qu'ils chargent de les défendre, sur les efforts du pouvoir pour les satisfaire ; de là la nécessité d'une discussion publique de ces intérêts, indépendante et des pouvoirs constitutionnels dont elle contrôle la marche et des gouvernants dont elle discute les actes. De là pour ces gouvernements la nécessité de la liberté de la presse. Je dis de la *liberté* de la presse, car ce n'est qu'à certaines conditions que la presse remplit ce rôle initiateur, qu'elle approuve ou censure avec autorité et par conséquent porte le flambeau qui éclaire l'opinion.

Asservie au pouvoir, elle ne peut plus que commander l'obéissance sans former les convictions, et dès lors, corrompue jusque dans sa source, l'élection n'est plus qu'un *instrumentum regni*, qu'une illusion, qu'une apparence, et l'intervention nationale dans les affaires publiques qu'un mensonge.

Telles étaient les doctrines que professaient tous les hommes d'État de la Restauration. « La liberté de la presse est nécessaire à notre gouvernement, » disait l'un ; « elle en est le mobile et le soutien, » disait l'autre, et ceux qui s'exprimaient ainsi ne s'appelaient ni Benjamin Constant, ni Manuel ni même Royer-Collard, mais Villèle, de Serre et Courvoisier.

La nécessité de la liberté de la presse était donc unanimement reconnue ; on s'accordait encore sur ce point qu'une législation sévère devait protéger la société, le gouvernement, les particuliers, contre les excès de la presse ; mais sur le principe même de cette législation, comme sur les règles qu'elle devait édicter, les opinions les plus diverses, les systèmes les plus contraires se produisaient.

Il faut s'arrêter ici et, pour comprendre les difficultés qu'offre toute législation en matière de presse, se demander quelle est la nature des délits dont la presse peut se rendre coupable. J'ai dit plus haut qu'elle n'était qu'un mode d'expression de la pensée humaine, elle en a toutes les facultés, elle en a surtout l'incalculable diversité. Les actes extérieurs et matériels nés de l'activité de l'homme sont bornés comme ses sens, ils rentrent tous dans une catégorie de faits que le législateur peut prévoir ; bons ou mauvais, ils laissent après eux des traces de l'action et avec elles la preuve non-seulement de ce qu'ils sont en eux-mêmes, mais encore du sentiment qui les a inspirés. Éminemment propres à être classés,

ceux réputés coupables l'ont été dans la législation posi-
tive de tous les peuples.

Les opérations immatérielles de l'intelligence sont
d'une toute autre nature, leur caractère est précisément
d'être infinies quant au fond et quant à la forme dans
laquelle elles se révèlent à la conscience ; elles décon-
certent par leur multiplicité même toute analyse et
toute généralisation. Le suprême effort de l'esprit humain n'a jamais pu aller jusqu'à connaître, jusqu'à apprécier toutes les opérations possibles de la pensée. La
manifestation de la pensée, quel que soit le mode qu'elle
affecte, participe à la nature de ces deux ordres de faits :
par cela seul qu'elle est la révélation d'un sentiment, elle
peut être dans son expression ou dans sa cause l'objet
d'un jugement; mais en même temps comme ce sentiment, comme son expression peuvent varier à l'infini,
comme le législateur ne peut atteindre l'intention qu'à
travers la forme qu'il lui a plu de revêtir, comme cette
forme elle-même peut être conçue dans le but de le tromper ou tout au moins de le laisser dans le doute sur le
mérite ou le démérite de l'auteur, le législateur ne sau-

rait à l'avance déterminer précisément les caractères du délit ni désigner les preuves qui le constateront; il ne peut qu'indiquer une règle générale et laisser à la conscience l'appréciation des cas particuliers.

Or, chez les nations civilisées, chez celles qui ont une législation complète, le magistrat n'a pour mission que de rattacher à la décision écrite à l'avance dans la loi le fait spécial, objet d'un litige civil entre citoyens ou d'une poursuite au criminel intentée par le représentant de la société; c'est le caractère de l'état de légalité que rien dans la décision à intervenir n'a été laissé à l'appréciation du juge. Cela est tellement vrai que si, par impossible au criminel, un acte reconnu coupable, mais oublié par le législateur dans la nomenclature des délits et des crimes, venait à être poursuivi, son auteur devrait être absous, c'est-à-dire renvoyé sans condamnation.

J'ai démontré qu'en matière de presse le législateur ne saurait à l'avance caractériser chaque délit, ni par conséquent appliquer à chacun une répression particulière. La maxime générale qu'il peut seulement écrire dans la loi laisse à la conscience l'appréciation du fait, de l'expression, de la pensée; aussi le juge de ces délits est-il un arbitre. Mais quel sera cet arbitre? qui fixera à la pensée son domaine légitime? qui tracera les limites entre lesquelles elle pourra librement se mouvoir? qui recevra en dépôt cette police des esprits et des âmes plus nécessaire aux progrès des nations que la police des corps? qui saura dire avec assez d'autorité : ici commence la licence, ici commence l'oppression? Ce mot qui semble si dur : «Tu n'iras pas plus loin, » qui l'adressera à la pensée de l'homme? Et cependant l'homme en société l'entend de toutes parts, toutes les législations pénales n'en sont que le commentaire, tous les arrêts de la justice répressive n'en sont que l'application; car les sociétés n'existent qu'à la condition d'arrêter les écarts coupables de la liberté humaine, sous quelque forme qu'ils se présentent, actions ou paroles.

De 1814 à 1830, la solution de ce problème partagea le gouvernement, les Chambres, la nation. Faut-il prévenir les délits de la presse, doit-on seulement les réprimer? Telle est la première difficulté qui divisait les esprits. Les partisans du système préventif s'efforçaient d'abord de prouver l'inefficacité de la répression des délits de la presse, à quelque cour de justice qu'elle fût confiée. Ils présentaient la publicité des débats judiciaires comme incompatible avec le but que le législateur se proposait; ils y voyaient une aggravation des dangers qu'une publication criminelle avait déjà pu faire naître. Ce n'était pas tout : la peine, ajoutaient-ils, doit être proportionnée à l'injure, c'est-à-dire au mal résultant du fait coupable : eh bien! qui mesurera le mal que peut produire un écrit? ce mal peut être si subit qu'il devance toute répression, et, en admettant même que la répression soit possible, la loi établira-t-elle pour ces délits une pénalité arbitraire, laissée à la discrétion du juge, ou livrera-t-elle à la presse l'État et la société désarmés? Entre ces deux extrémités que fera-t-elle? C'est aux partisans du système répressif de le dire. Pour nous, ajoutait-on, nous demandons la censure préalable, seul moyen de concilier une liberté légitime et une répression nécessaire. Ne vaut-il pas mieux prévenir que réprimer? Cette pensée si simple est née le jour où le crime a fait son apparition sur la terre; elle a laissé sa vive empreinte dans toutes les législations pénales; la loi, en frappant, n'a-t-elle pas le double but de punir le coupable et d'effrayer du même coup celui qui pourrait le devenir? Du reste, c'est déjà un coupable que la censure atteint : « la loi voit-elle le crime de fausse monnaie uniquement dans la circulation de pièces fausses ou dans leur fabrication clandestine, et un mauvais livre n'est-il pas comme de la fausse monnaie dans la circulation des idées [1]? »

On oppose le respect dû à la propriété et l'on dit que les journaux en sont une. Et depuis quand le gouvernement des esprits est-il une propriété? Tout citoyen auquel la parole publique a été confiée a été censuré à l'avance, le professeur par l'investiture, l'avocat par le stage; chacun reçoit en quelque sorte une commission révocable, car le gouvernement ou des conseils disciplinaires veillent sur lui; et tout citoyen pourrait, de son autorité privée, créer un journal, tribune bien autrement puissante que la chaire du professeur? Il pourrait publier la

---

[1] *De l'opposition dans le gouvernement et de la liberté de la presse,* par M. de Bonald, page 49.

censure juste ou injuste de tout ce qui est, fouler aux
pieds ce qu'il y a de plus respectable, et cela avec impunité, sans pouvoir jamais perdre un droit dont il abuse?
Non. Du jour où la presse est devenue une profession
publique, le gouvernement a dû en avoir la surveillance
et la direction, et il les a eues par la censure. Jugeons de
ce qu'elle fera dans l'avenir par ce qu'elle a fait dans le
passé; elle n'a empêché aucun des progrès de l'esprit
humain, elle n'a jamais été pour la littérature un embarras sérieux; quel chef-d'œuvre a-t-elle étouffé avant
sa naissance, et que de malheurs, que de crimes n'a-t-elle
pas prévenus?

Je crois avoir présenté tous les arguments que l'on
faisait valoir en faveur de la censure; j'ai dû le faire, car
diminuer ses adversaires pour en triompher plus aisé-
ment, c'est trahir et la vérité et le lecteur. J'exposerai
avec la même fidélité les différentes théories qui se sont
produites sur la presse, une entre autres, tendant à justifier ici l'application du système préventif, là celle du
système répressif; théorie qui devait disparaître comme
étouffée entre les conséquences logiques de ces deux

systèmes absolus, mais qui eut, au commencement de la
Restauration, la bonne fortune d'être embrassée par les
meilleurs esprits. A ce titre elle doit trouver ici sa place.

Le droit de publier et de faire imprimer son opinion,
disaient ceux qui professaient alors cette doctrine, voilà
la liberté de la presse. Or un journal n'est-il rien de plus
qu'une publication ordinaire? Cette action de la presse
périodique, action continue, simultanée, s'adressant en
même temps et sur tous les points du territoire à un public connu, préparé à l'avance, auquel on a parlé hier,
auquel on parlera demain, peut-elle se comparer à un
appel adressé une fois pour toutes à un public indéter-
miné? La liberté de la presse doit donc être distinguée de
celle des journaux; que la publication des opinions indi-
viduelles soit libre, voilà l'important, quant aux journaux, il faut prendre conseil des circonstances; sans
doute leur liberté fait partie de la liberté de la presse,
mais elle n'en est pas partie essentielle, et pour que la
liberté de la presse existe dans un pays, il suffit que chaque citoyen ait le droit de faire connaître au public ses
sentiments au moyen de brochures isolées.

Cette théorie ne devait jamais passer dans la loi. Un jour vint où la censure ne pesa plus sur les journaux et écrits périodiques, mais les mesures qui régissaient la police de l'imprimerie et de la librairie ont subsisté même sous les régimes les plus libéraux que la presse ait connus. Je les analyserai plus loin.

Pour le moment, je reviens à la presse périodique. Je crois avoir démontré la nécessité de sa liberté et je voudrais ne pas insister davantage; mais, pour combattre la censure, il faut se rendre un compte exact du rôle que joue la liberté de la presse dans les constitutions libres; il faut savoir pour qui, contre qui elle existe, et, à l'aide de ces notions préliminaires, juger qui doit être chargé de réprimer ses écarts.

Les libertés politiques ne sont en dernière analyse que les garanties des droits individuels; là où elles ne sont pas encore nées, là où elles n'existent plus, le règne de la force se substitue tôt ou tard à celui du droit. Les gouvernements sont en effet des institutions essentiellement humaines, ce sont des hommes qui les créent, ce sont des hommes qui les dirigent. Les intérêts et les passions de ces hommes se retrouvent dans leurs actes, et, si rien ne les arrête ni ne les réprime, la satisfaction de ces intérêts et de ces passions devient l'unique objet des sociétés mises sous le joug. Mais il n'est pas de la nature de l'homme d'être toujours si humble que de s'en remettre ainsi à l'omnipotence de son semblable : l'homme a reçu de Dieu une conscience pour juger ses actions, une intelligence pour juger celles d'autrui, et pour mesure de son jugement l'idée de la justice, que personne ne peut anéantir dans son âme. Cette idée lui persuade qu'il a des droits et que ces droits sont supérieurs à toute volonté. Assurer leur inviolabilité devient tôt ou tard la légitime ambition de sa raison et aussi, tôt ou tard, met-il ces droits à l'abri de toute entreprise, en les écrivant dans la loi civile et en s'assurant que la loi qui les consacre ne pourra être changée sans son concours, donnant ainsi pour garant à la liberté civile la liberté politique. Les libertés politiques ne sont donc que les garanties des droits individuels contre les empiétements possibles du pouvoir; que penser d'une législation qui les mettrait sous la main du gouvernement? C'est cependant ce qu'a

fait la censure pour la liberté de la presse ; il est facile
de s'en convaincre.

L'importance de la liberté de la presse vient précisément de ce qu'elle est la vigilante gardienne de tous les
droits, de ce qu'elle donne à chacun d'eux la plus puissante, la plus efficace des protections. Dans les États
libres, la plus large part d'influence est réservée à l'opinion publique, c'est elle qui gouverne par les hommes
qu'elle porte aux affaires, c'est elle qui poursuit la répression des abus comme le redressement des torts ; mais,
pour cela, il faut de toute nécessité qu'elle ait connaissance et des abus et des atteintes portées au droit individuel ou public du citoyen. La liberté de discussion
peut seule l'instruire et la mettre en demeure de se prononcer ; or, la discussion peut-elle être libre le jour où
les hommes qui composent le gouvernement ont le droit
de décider de ce que la presse peut dire et de ce qu'elle
doit taire ? N'est-il pas de toute évidence qu'ils ne per-
mettront pas d'attaquer leurs actes, et qu'ainsi par la
censure ils ressaisiront une omnipotence à laquelle les
autres institutions constitutionnelles essayeraient en vain

de mettre des bornes? Au fond, c'est une pensée d'oppression qui a enfanté toutes les théories à l'aide desquelles
on a entrepris de légitimer la censure ; que l'on propose
à ses partisans de choisir dans le camp opposé au leur
les plus hommes de bien pour en faire des censeurs,
resteront-ils partisans de la censure? En fait, elle n'a été
demandée que par ceux qui espéraient bien l'exercer
à leur profit.

Je dirai plus loin quelle juridiction et quelle répression dérivent naturellement de cette pensée que c'est au
profit des sociétés et en suspicion des gouvernements
que la liberté de la presse a été établie dans les pays
libres. Quant à l'argument tiré de ce que la censure n'a
jamais nui aux productions littéraires, il est, à mon
sens, tout à fait hors de saison, par la raison très-simple
que la liberté de la presse n'est pas une question de littérature, qu'elle est une question de politique. Mais je dois
m'arrêter à cet argument très-sérieux, que la société a le
droit d'exiger des garanties des citoyens qui établissent
un journal.

Il faut pénétrer dans les détails de l'organisation du

journalisme pour se rendre compte des difficultés que rencontre ici la législation.

Tout journal se présente au premier abord comme une société dans laquelle les uns apportent leurs capitaux, les autres leurs lumières. Ceux-là font une entreprise commerciale, ceux-ci une affaire politique ; si, pour les premiers, le succès de l'entreprise est l'objet important, ce n'est là, en général, pour les derniers, qu'une considération de second ordre. Le journal n'est pour eux qu'une arme à l'aide de laquelle ils espèrent faire triompher leurs idées et leur parti. De cette double association naissent donc deux ordres d'idées tout différents, de sorte que la question de la répression des délits de la presse, déjà si délicate par elle-même, se trouve compliquée par une question de propriété.

Mais cette difficulté première est encore singulièrement aggravée par les mesures prises par les rédacteurs de la presse périodique pour se soustraire aux légitimes répressions du législateur, mesures qui, savamment combinées, ont pu réussir absolument à atteindre leur but. C'est dans les dispositions mêmes des actes législatifs qui ont réglementé la presse qu'il faut aller chercher l'histoire de ces habiles subterfuges à l'aide desquels le journalisme est longtemps parvenu à se jouer de la loi. La première idée, la plus simple, celle qui se présente tout d'abord à l'esprit alors qu'il s'agit de réprimer les abus de la presse, c'est de faire peser sur l'auteur de l'écrit coupable la responsabilité de sa pensée et de son expression ; mais ne se trouve-t-il pas toujours des hommes de second ordre pour assumer sur eux, à tous risques, la responsabilité de ce que pensent et disent les chefs du parti? Aussi a-t-il fallu chercher une garantie plus réelle que celle des auteurs : les gérants responsables ont été créés ; mais ici, même difficulté et même insuffisance : le gérant responsable, étranger à la rédaction du journal, payé par lui pour subir les emprisonnements mérités par d'autres, a pu être comparé à bon droit à une sorte de position avancée abandonnée à l'avance aux coups de l'ennemi, position d'autant plus facilement abandonnée qu'elle est sans importance et que sa perte ne nuit en aucune façon à la solidité de la place d'armes. On a exigé que le gérant responsable fût le propriétaire ou un des propriétaires du journal. De nouvelles fraudes ont répondu à de nouvelles exigences.

Il fallait cependant trouver des procédés efficaces pour châtier les excès de la presse ; car le premier devoir du législateur est de procurer la répression des délits et des crimes qui apportent un désordre quelconque dans la société, et l'expression publique de la pensée est au nombre de ces actes qui peuvent produire les plus grands troubles dans un État. Pour y parvenir, renonçant à atteindre les personnes, on frappa le journal. C'était entrer dans une voie nouvelle ; c'était faire prédominer l'entreprise politique sur l'opération commerciale. Sur cette base, on pouvait établir la responsabilité de la presse, on pouvait la frapper par l'amende et, pour assurer l'efficacité de la peine, astreindre les journaux au cautionnement, mesure nécessaire, mais dont la nécessité n'est pas le seul titre. Sa légitimité découle de considérations plus élevées que celles qui servent en général de fondement aux autres règles de procédure.

En effet, si la société a des droits sur ceux qui la composent, ils en ont aussi eux-mêmes sur lesquels il est du devoir de la société de veiller. Un de ces devoirs est de protéger contre des associations, trop puissantes pour que l'individu laissé à ses seules forces y résiste, la liberté religieuse ou intellectuelle de chacun de ses membres. Si la loi permet de droit commun la formation de ces associations qui tendent à s'emparer de l'empire de l'esprit ou de la direction des âmes, encore faut-il que ces associations se présentent avec la preuve qu'elles se vouent au triomphe d'une doctrine, d'une pensée devenue pour un certain nombre de citoyens un puissant intérêt. Elles ne sont respectables qu'à cette condition. Mais qui décidera de la nature de cette preuve, qui dira si elle est suffisante ou non? Pour échapper à l'arbitraire qu'entraînerait cette appréciation, le législateur a eu recours au cautionnement, et il le pouvait à bon droit. Est-il une pensée de quelque valeur, est-il un parti digne de quelque attention qui n'ait à sa disposition de quoi faire un cautionnement? La situation de la presse pendant plus de vingt années répond péremptoiremen à cette question, et s'il se présente ici une difficulté, ce n'est certes pas celle de savoir si le cautionnement des journaux peut se concilier avec la liberté de la presse, mais bien celle-ci : le cautionnement suffit-il à établir la responsabilité des journaux et la garantie que la société doit exiger d'eux? Je reviendrai sur ce point en temps et lieu, et je dirai comment on tenta de concilier avec le respect dû à la propriété des feuilles périodiques une répression plus rigoureuse et plus efficace.

Sous la Restauration, les uns, plus frappés des inconvénients de la liberté de la presse que touchés de ses avantages, la condamnaient absolument et soutenaient la censure ; d'autres, mus par des sentiments contraires, professaient des convictions moins hostiles ou tout à fait favorables à la presse ; mais l'attention de ces derniers se portait bien plus sur la juridiction à laquelle devaient ressortir les délits de la presse que sur les garanties qu'il fallait exiger d'elle.

Il faut une juridiction, la juridiction est tout, disait-on, et ceux qui tenaient pour que le gouvernement conservât une action directe sur la presse voulaient maintenir la compétence des tribunaux correctionnels, tandis que ceux qui voyaient en elle la principale garantie de la société contre les excès du pouvoir réclamaient la compétence du jury.

Tout découle, en effet, du point de vue sous lequel on envisage la presse. Veut-on donner aux gouvernants la direction exclusive de l'opinion publique et assurer leur omnipotence ? il faut par la censure remettre la presse entre leurs mains. Voit-on, au contraire, dans la presse une garantie de la société contre la volonté absolue des gouvernants ? c'est aux mains de la société même qu'il faut remettre le soin de réprimer ses excès.

Mais en tous cas les tribunaux correctionnels doivent être mis hors du débat, et cela à plus d'un titre. Et d'abord les corps de judicature n'ont rien à gagner à être revêtus de juridictions politiques ; leur immixtion dans les débats passionnés de l'opinion publique n'a jamais fait que les affaiblir et les compromettre, première et importante considération. Mais ici il s'agit de législation pénale : or en pareille matière le juge ne peut suppléer en rien au texte de la loi ; il doit y trouver non-seulement la désignation précise de l'infraction qu'il est appelé à réprimer, mais encore avec elle les

circonstances qui aggravent la culpabilité de son auteur.
Organe de la loi, comme on a si exactement défini le
magistrat, il doit se borner à reconnaître le texte législatif qui a prévu le méfait dont le châtiment est réclamé,
et prendre dans le texte même de la loi la sentence qu'il
prononce. En effet, la loi pénale ne se borne pas à
édicter un grand principe de morale comme celui-ci :
la personne et la propriété d'autrui sont inviolables ;
toute loi pénale, au contraire, entre dans le détail des
actes qui peuvent porter atteinte aux personnes comme
aux biens, énumère ces actes et attribue à chacun d'eux
une répression particulière. Aussi a-t-on pu sans danger confier à un corps de judicature la répression des
délits les moins graves, parce que la loi liait à l'avance
le juge.

Telle est la règle générale, et si, par exception, l'appréciation des circonstances qui constituent l'action coupable est remise à la sagacité du magistrat, au moins
pour les rares délits de cette espèce[1] ces circonstances

---

[1] Les délits d'escroquerie, par exemple.

ont-elles toujours la même valeur : l'époque, le moment auquel elles se sont produites n'aggravent ni n'atténuent leur importance, le juge n'a qu'à peser les faits en eux-mêmes, sans entrer dans l'examen des faits accessoires et concomitants au milieu desquels se sont manifestés les actes sur lesquels il doit se prononcer.

En est-il de même en matière de répression des délits de presse? J'ai démontré plus haut que ces délits échappaient à la définition légale; celui qui doit prononcer sur eux n'a pour règle qu'une maxime générale comme celle-ci : est coupable la provocation même indirecte à la désobéissance ou au renversement du gouvernement. Or, quelles seront les circonstances certaines, immuables qui accompagneront toujours la provocation indirecte au renversement de l'ordre établi, circonstances qui, déterminées par le législateur, deviendront les caractères du délit? Non-seulement cette provocation ne sera pas écrite, mais elle ne ressortira même pas, comme une conséquence rigoureuse, des paroles de l'auteur; elle laissera l'esprit indécis sur l'intention de l'écrivain, et par conséquent sur sa culpabilité. Bien plus : en matière

de presse, ce qui est coupable aujourd'hui a pu être innocent hier et sera peut-être innocent demain. C'est donc
non-seulement la pensée en elle-même, son expression
qu'il convient d'apprécier, mais il faut considérer encore
l'état des esprits, la situation politique qui existait au
moment où l'écrivain a livré son œuvre à la publicité.

Ce n'est pas tout. La définition des délits de presse est
impossible ; la distinction dans chaque cas particulier de
l'abus et de l'usage légitime de la presse constitue en
réalité sa liberté ; de là cette conséquence que dans chaque procès de presse l'écrivain est moins en cause que
la liberté de la presse elle-même. Or, comment concevoir
que des tribunaux qui, comme les tribunaux correctionnels, ne peuvent prononcer la mort civile d'aucun
citoyen puissent frapper de mort politique la nation dans
la première de ses libertés? Enfin, ajoutaient les partisans déclarés de la liberté de la presse, pour rentrer dans
l'ordre des faits, quel mérite particulier recommande les
juges des tribunaux correctionnels? Leur importance?
Mais ils sont les derniers de leur hiérarchie. Leur indépendance? Mais ils attendent leur avancement du gou-

vernement, et, disait M. de Villèle, l'inamovibilité se brise devant l'avancement. Leur caractère, leur mission? Est-ce leur nomination par un ministre qui a pu les faire arbitres des libertés publiques? En cette matière on ne saurait trop se rappeler le mot de lord Cambden : « Si l'on voulait écouter la doctrine des juges sur la liberté de la presse, c'en serait bientôt fait de ce rempart de toutes les libertés publiques. »

La compétence des tribunaux correctionnels écartée, la question se resserrait entre la censure et le jugement des délits de la presse par jurés.

Je ne reviendrai pas sur ce que j'ai dit de la censure ; j'ai fait connaître ce qu'en pensaient ses partisans et ses adversaires. Quant au jugement des délits de la presse par jurés, ce fut, sous la Restauration, le point capital du débat dans toutes les discussions où la liberté de la presse fut en jeu.

Si l'on admet que la liberté de la presse est une garantie de la société contre les abus possibles du pouvoir, et je crois avoir démontré plus haut que c'était là son premier mérite, il faut reconnaître en même temps

que c'est par un tribunal sorti de son sein, sa vivante
image, se renouvelant sans cesse afin d'être toujours sa
représentation exacte, que la société doit rester en possession de la juridiction destinée à réprimer les excès de
la presse. Or quelle cour de justice présenterait ces caractères si ce n'est un jury? Et ainsi, quand on descend
de la liberté de la presse à la juridiction à laquelle elle
doit être logiquement soumise, on trouve le jugement
par jurés. Il en est de même si on remonte de la juridiction qui lui convient à la liberté de la presse : l'impossibilité de définir les délits de presse, la distinction dans
chaque cas particulier de l'usage légitime et de l'abus de
la liberté, distinction sur laquelle repose la liberté elle-
même, cessent d'être d'inextricables difficultés, le jugement par jurés une fois admis. En effet, le juré n'est-il
pas dans la force du terme un arbitre, n'usant d'autre
règle pour reconnaître la valeur du fait soumis à son appréciation que des notions du juste et de l'injuste que
Dieu a déposées dans sa conscience? Son devoir n'est-il
pas d'ignorer la loi? Or, quand la loi s'est reconnue in-
capable de discerner le bien du mal, ce qui est coupable

de ce qui est innocent, n'est-ce pas à des arbitres qui ne décident que d'après leur équité naturelle qu'il faut confier la répression de ces délits indéfinissables qui ont triomphé, sinon dans leur ensemble, au moins dans le détail de chacun d'eux, de la sagacité de la loi. Aussi, partout où le jugement par jurés existe, l'abus de la presse vient-il naturellement se ranger parmi ses attributions.

La Restauration, après avoir abandonné la censure, abandonna la juridiction des tribunaux correctionnels ; le jugement par jurés fut inauguré par sa dernière loi sur la presse. Quelque temps après, un coup d'État, violant le droit national, rétablissait la censure et frappait toutes les libertés ; mais nos pères crurent que les libertés politiques valaient la peine qu'on fît pour les conserver une révolution, et ils la firent.

1830 — 1848

1830 — 1848

La révolution de 1830 avait été faite au nom de la Charte et de la liberté de la presse ; l'une était la reconnaissance de tous les droits politiques du pays, l'autre la garantie que de la théorie ils allaient passer dans la pratique. La majorité de la nation les voulait toutes deux et elle venait de s'en montrer digne. A un appel légal de la couronne elle avait manifesté constitutionnellement ses sentiments, mais sans provocation comme sans outrage, avec le calme et la sérénité du droit. La persistance de l'opinion publique avait été prise par le prince pour un défi, il y avait répondu par un coup d'État. L'éternelle question de la liberté et du despotisme avait été posée par lui à la nation ; une révolution avait renversé la branche aînée des Bourbons, mais cette révolution sans exemple dans l'histoire s'était contenue d'elle-même.

Elle avait voulu deux choses : la Charte et la liberté de la presse, et elle s'était arrêtée le but atteint. Tant de vigueur dans la défense de ses droits, tant de modération dans le succès n'étaient-elles pas la preuve d'une volonté nationale éclairée, réfléchie, mais en même temps irrésistible, en sorte qu'elle était tout à la fois une des conditions et une des difficultés du gouvernement qui s'établissait.

Toute commotion politique laisse derrière elle des regrets implacables et des aspirations déçues; de là deux genres d'attaques qui viennent assaillir tout établissement nouveau; heureux encore si deux ennemis si différents ne se liguent pas bientôt ensemble contre lui. Mais toute commotion politique n'a pas pour cause la haine sensée et raisonnée de l'absolutisme, pour but la fondation d'une liberté régulière. N'a-t-on pas vu, en Espagne par exemple, des révolutions faites pour arriver à l'omnipotence du prince? Dans ce cas, exécutions sanglantes, déportations, confiscations, telles sont les armes dont le souverain dispose à son gré; il peut en user plus ou moins suivant sa sagesse, mais ce dont il use toujours en pareilles circonstances, c'est du pouvoir d'imposer silence à ses adversaires. Il ne pouvait en être ainsi en 1830, et le gouvernement de cette époque dut s'imposer la rude tâche de laisser parler tous ses ennemis, à charge par lui de prouver qu'il avait raison contre eux tous.

Peut-être croirait-on qu'il y perdit, je crois qu'il y gagna beaucoup. Il y perdit les acclamations unanimes et sans valeur de l'ignorance, il y gagna des dévouements profonds et énergiques parce qu'ils étaient éclairés, et pour ma part, quand je viens à considérer les difficultés sans nombre qui entourèrent le berceau de ce règne : conseillers de la couronne donnant la main à l'émeute, hostilité de l'aristocratie territoriale et historique, haine déclarée des ministres de la religion, conspiration patente des républicains soulevant les masses populaires, je ne puis voir qu'une seule force qui ait pu combattre et vaincre tant d'éléments de ruine, la conviction de la conscience publique que le gouvernement avait raison, et cette conviction il la devait à la liberté de la presse. S'il me fallait citer un exemple, je le trouverais dans les luttes que dès les premiers jours le gouvernement du roi Louis-Philippe soutint, à tous risques, pour sauver la tête des ministres de Charles X ; dernier trait d'une révolution généreuse jusqu'au bout, premier acte d'un gouvernement qui s'honora surtout par le respect de la vie humaine.

J'ai dit quelles étaient les conditions que l'on considérait, sous la Restauration, comme nécessaires à l'existence de la liberté de la presse. En 1830, l'opinion, formée par les discussions des Chambres sous le gouvernement qui venait de tomber, savait précisément ce qu'elle voulait; l'impôt du timbre établi sur les feuilles périodiques, le cautionnement des journaux, rencontraient peu d'adversaires. La révolution avait été faite en partie contre la censure ; toute mesure préventive contre la presse périodique était unanimement répudiée, enfin la juridiction du jugement par jurés pour la répression des délits de presse était vivement réclamée. Les lois du 8 octobre et du 14 décembre 1830, celle du 8 avril 1831 établirent sur ces bases la législation de la presse en même temps que la loi du 29 novembre 1830, rappelant au respect de la Charte et consacrant le principe de l'irres-

ponsabilité du chef de l'État, punit les attaques contre
les droits et l'autorité du Roi et des Chambres par
voie de la presse. Sans aucun doute c'était assurer la
liberté, car l'appréciation de tous les actes du gouvernement et sa direction générale étaient livrées aux
controverses et à l'appréciation de tous les partis. Mais
était-ce prévenir la licence ? On peut se le demander aujourd'hui qu'on a vu la République de 1848 croire
qu'avec une législation aussi libérale le gouvernement
du pays était compromis. Elle revint aux procédés du
premier Empire, en mettant dans certains cas la presse
entre les mains du pouvoir. Est-ce à dire que la presse
ne fut pas libre sous la République ? Non sans doute,
mais on avouera qu'au point de vue de la presse la législation du gouvernement de 1830 fut plus favorable.
Quoi ! dira-t-on, même avec les lois de septembre, ces
lois restées par leur date dans la mémoire de beaucoup
qui ne les ont pas lues ? Oui, même avec les lois de septembre.

Il ne s'agit pas ici d'une question de parti ; je ne
cherche pas une injure rétrospective à faire au gouver-

nement républicain, mais voulant saisir l'époque où la presse eut en France la plus grande somme de liberté, afin de montrer quels sont ses avantages et ses inconvénients, je dois dire pourquoi je rattache au règne de Louis-Philippe cet. exposé des bienfaits et des dangers qui naissent de la liberté de la presse.

Presque toutes les Constitutions qui se sont succédé en France, en reconnaissant ce principe qu'aucun citoyen ne doit être distrait de ses juges naturels, ont organisé une juridiction suprême destinée à connaître des crimes d'État, une haute cour de justice politique dont les membres offraient, par leur indépendance et par leurs lumières, des garanties supérieures pour les accusés et pour la nation. La Charte conférait à la Chambre des pairs la connaissance des crimes de haute trahison et des attentats à la sûreté de l'État ; elle laissait à la loi le soin de définir les faits qui pouvaient donner lieu à des poursuites de cette nature, et le jour où, sous la double pression de l'émeute et de l'assassinat, le législateur eut à remplir le vide que la Charte lui avait laissé à combler, il dut se poser cette question : La presse peut-elle se rendre coupable d'attentats contre la sûreté de l'État ? En 1835 les faits répondaient d'eux-mêmes, et aujourd'hui qui pourrait nier l'action de la presse dans les troubles et dans les révolutions qui se sont abattus sur le pays ?

Ce fut donc très-constitutionnellement et très-logiquement, la Charte donnée, que la loi du 9 septembre 1835 déféra à la Cour des pairs les auteurs d'écrits attentatoires à la Constitution et aux pouvoirs qui en dérivaient. En couvrant la personne royale, elle ne fit qu'appliquer le principe de l'irresponsabilité constitutionnelle du Roi. Quelle qu'ait été la violence des attaques dont les lois de septembre furent l'objet, aujourd'hui que le temps écoulé permet de les juger sainement, ne peut-on pas, ne doit-on pas dire qu'en fait, sous leur empire, la liberté de la presse fut en France plus grande qu'elle ne le fut jamais. S'il en est encore qui parlent de l'oppression de la presse par les lois de septembre, il ne reste plus qu'à les mettre en rapport avec ceux qui attendent la résurrection de Napoléon le Grand. Ils pourront s'entendre.

En réalité, la loi du 9 septembre 1835 laissa la liberté

de la presse intacte, parce que la condition essentielle de la liberté est de ne dépendre que de la loi et des cours de justice dont relèvent les citoyens. Ce n'est que le jour où l'autorité administrative peut intervenir pour fixer à son gré et en dehors de toute disposition légale l'exercice d'un droit, que ce droit est frappé dans son essence et, s'il s'agit de la liberté de la presse, peut-être pourrait-on aller jusqu'à soutenir qu'elle y succombe. En effet, si l'administration peut suspendre un journal parce qu'il aura inséré un article déplaisant, ne peut-elle pas en certains cas dire aux organes de la presse : Vous tairez tel fait, vous passerez sous silence tel abus ; il ne me convient pas qu'on en parle, et s'il vous arrivait d'enfreindre ma défense, songez que votre suspension est entre mes mains. Ainsi la censure serait indirectement rétablie et la liberté perdue. La monarchie de 1830 n'a pas connu un pareil régime, ce fut la République de 1848 qui l'inaugura.

Si l'on veut rechercher l'époque où, jouissant de la plus grande liberté, la presse put développer sans contrainte ses bons comme ses mauvais effets, il faut donc la peindre telle qu'elle exista de 1830 à 1848. Je n'ai ni la prétention ni la présomption de tracer un tableau complet de ce qu'elle fut à cette époque, je ne veux que rassembler quelques traits pour en présenter un rapide crayon.

Je ne ferai rien pour atténuer les fautes de la presse, rien pour augmenter les avantages de sa liberté; j'avouerai donc sans détour que, sous le gouvernement de Juillet, la presse eut deux torts : en jetant la déconsidération sur le chef de l'État, elle prit une part active à la révolution du 24 février 1848, et c'est une responsabilité qui, dans les souvenirs de beaucoup, pèse encore sur elle; par la littérature des romans et des théâtres, elle inspira tous les dérèglements en patronnant tous les vices. Dans le premier cas, la calomnie fut son arme; dans le second, l'imprévoyance fut son crime.

Des deux grandes attaques dont la presse se fit alors l'écho contre le Roi, l'une était politique; on reprochait au chef de l'État de fausser l'application de la Constitution par l'extension de son influence aux dépens de la volonté nationale; c'est ce qu'on appelait le gouvernement personnel. L'autre s'adressait à la personne privée : on accusait le Roi d'avarice.

Il est difficile aujourd'hui, j'en conviens, de se faire une idée de la répugnance que l'on avait alors à voir s'étendre le pouvoir de la couronne et de comprendre le succès qu'eut cette accusation ; il est difficile surtout de croire aux discussions qui s'élevèrent sur ce point, et, pour connaître leur violence, le mieux est de citer des textes.

J'emprunterai au journal *le National* l'article suivant[1] :

« Dans sa prévoyance incomplète le pays avait entendu se réserver une part active dans l'administration de ses affaires. — La Chambre des députés, la garde nationale, le jury et la presse lui avaient paru autant de moyens sûrs, efficaces, d'intervention et de surveillance. Qu'est-il advenu de toutes ces institutions sous un gouvernement qui s'est donné pour œuvre principale de détrôner la nation de la part d'influence qu'elle s'était modestement réservée ?

---

[1] 1847, 1er janvier.

» Le palais Bourbon n'est plus qu'une succursale des Tuileries, où des aides de camp, des précepteurs, des employés de tous grades se donnent sérieusement pour nos représentants. Les élections ont été falsifiées, corrompues, et l'opinion publique ne peut plus évidemment se faire jour par cette voie. Le jury a subi toutes les atteintes d'un pouvoir malveillant, il a été amoindri d'abord et tous les jours il est trié. La garde nationale est tenue en suspicion partout où elle n'est pas désorganisée. La presse ! Dieu sait tous les bons procédés que l'on a eus pour elle, et tout le bien qu'on lui souhaite. Aucune des garanties conquises naguère par le pays, pied à pied, n'a été respectée, et nous venons de voir nos libertés municipales méconnues et violées comme l'avaient été toutes les autres. On peut dire qu'en seize ans la réaction a fait si effrontément son chemin qu'aujourd'hui le changement est complet et que la liberté a été chassée de toutes nos institutions par l'arbitraire hypocrite, omnipotent, du pouvoir. »

Pouvoir écrire impunément de telles choses, et les

écrire, n'était-ce pas prouver la liberté? L'écrit plaidait contre l'auteur.

Mais il ne suffisait pas de dire à la nation : vous êtes soumise à la tyrannie du Roi, c'est sa volonté qui fait tout, vous êtes sous le joug ; il fallait encore dissiper ce parfum d'estime qui entourait la famille royale, faire évanouir ce prestige que la sainteté de la Reine, que l'honnêteté du Roi donnaient à la couronne ; il fallait éloigner du Roi tous ceux qui voyaient dans ces précieux exemples venant du trône une influence heureuse sur la société ; l'avarice répondait parfaitement au programme. La presse opposante en accusa le Roi.

Aujourd'hui que le soleil se lève pour éclairer cette partie de notre histoire contemporaine qui s'étend de 1830 à 1848, que sont devenues ces calomnies? Le roi Louis-Philippe exerça sans doute sur les affaires du pays l'action constitutionnelle que la Charte conférait au pouvoir royal dont il était revêtu. La Charte de 1830, en maintenant la royauté, lui avait attribué un rôle dans le gouvernement; en elle résidait la sauvegarde du présent, la sécurité dans l'avenir. En face de pouvoirs mobiles et

changeants elle avait élevé le trône héréditaire pour représenter la tradition ; l'accord des trois pouvoirs pro-
curé par l'intermédiaire des ministres dans l'administration des affaires, tel était le but qu'elle poursuivait,
et pour que la royauté « pût jouer sa partie dans l'orches-
tre, » elle l'avait faite l'égale de la Chambre des pairs et de
la Chambre des députés. Le pouvoir royal ne devait pas
être prépondérant, pas plus que celui des Chambres. Or,
aujourd'hui, des témoignages de toute nature abondent
pour montrer que, malgré quelques mots imprudents,
le Roi ne sortit jamais de ses attributions constitutionnelles ; il réclamait de ses conseillers le droit d'avoir son
avis et de le défendre, mais il le défendait avec ces ménagements qui sont le respect de l'opinion d'autrui et
qui assurent la liberté dans la manifestation des sentiments contraires. Ceux qui seraient curieux de s'en convaincre n'ont qu'à parcourir un recueil publié immédiatement après la révolution de Février[1] ; une longue
série de lettres politiques ou intimes du Roi à ses minis-

---

[1] *Revue rétrospective.*

tres et aux princes ses fils, pillées le 24 février dans les cartons des Tuileries. Le grand jour de la publicité n'a respecté ni les secrets de l'État, ni les confidences de la famille, et si la vérité est quelque part, elle est là. Or que ressort-il du livre? la conviction que le Roi poussa jusqu'au scrupule le respect de la Charte.

De l'avarice du Roi je ne dirai rien, si ce n'est qu'en fin de compte le temple de nos gloires nationales, le Musée de Versailles, s'est trouvé être un cadeau du Roi à la nation, et que les princes ses fils n'ont recueilli dans l'exil aucun des millions que l'on disait enfouis par leur père dans les caves des banques étrangères.

Rapporter les attaques de la presse politique contre le gouvernement de Juillet et contre le Roi, sans en montrer l'iniquité, c'eût été en quelque sorte s'en rendre complice : la vérité historique m'obligeait à les combattre, j'ai dû le faire.

Mais ce n'est pas tout. Tandis que la presse politique compromettait le gouvernement, la littérature des romans et des théâtres agissait d'une manière plus fâcheuse encore. Chez une nation dont l'esprit est aussi vif que chez la nation française, le roman, la scène, ont toujours eu et auront toujours une influence considérable. Leurs types, admis par la société, préparent la réalisation de ces rêves d'imagination. Or, quel est le personnage, le héros de tous les ouvrages de cette nature, présenté depuis trente ans à l'admiration des lecteurs ou des spectateurs ? C'est dans ses attributs divers la puissance, ne connaissant ni règle ni frein. Ici, la force physique se mettant au-dessus des lois; là, la ruse se jouant avec bonheur de tous les droits méconnus; autre part, la puissance de l'or. La femme elle-même n'a pas été respectée dans ces livres ou dans ces drames ; à les en croire, sa beauté ne lui a été donnée que comme un moyen de satisfaire ses passions. Le triomphe de la volonté humaine, quelle qu'elle soit, les moyens divers pour arriver à un seul but, le succès, — le succès qui couvre tout de sa robe sanglante ou souillée de toutes les flétrissures du vice, qu'importe!—voilà la charpente de la plupart des écrits de notre temps, de la plupart de ceux au moins auxquels le public a applaudi. D'honneur, de respect d'autrui et de soi-même, la plupart du temps pas un mot, ou si l'auteur daigne indiquer quelque part ces vulgaires sentiments, livrés à l'avance à la main des habiles de la fable, il ne prépare par là qu'une victoire de plus au crime, qu'une défaite de plus à la vertu. Et cela s'appelle des études de mœurs, se donne et se prend pour la vérité! Dieu veuille que l'avenir ne nous juge pas sur cette littérature: quoi que nous soyons, elle nous a encore enlaidis.

Pendant les dix dernières années du gouvernement de Juillet, la publicité des livres et celle des théâtres ne suffisait pas à répandre ces exécrables enseignements, ils allaient trouver le lecteur, solliciter sa curiosité au bas des colonnes de son journal, et ainsi, en même temps que la presse ébranlait l'État, elle minait, ce qui est pis, dans l'imagination des peuples, le sens moral et pervertissait les âmes.

Quelque ami que je sois de la liberté de la presse, on conviendra que je n'ai pour sa licence aucun ménagement. Mais cependant il ne faut pas être injuste et rendre la presse *seule* responsable de tant d'excès. Sans doute elle eut les plus grands reproches à se faire, mais la so-

ciété qui semble la proscrire n'en eut-elle aucun à s'a-
dresser? De 1830 à 1848 elle fut, par le jury, en possession de réprimer les déréglements de la presse. Que les
lois ne fussent pas assez sévères, cela peut être, mais telles
qu'elles étaient. le jury les appliquait-il? Le gouvernement, lui, remplissait sa tâche, il poursuivait par toutes
les mesures légales la condamnation des journaux coupables, il pouvait dire aux délégués de la société dans les
cours d'assises : « J'ai fait mon devoir, à vous de faire
le vôtre, et à vos périls de ne pas le faire. » On sait que
la plupart du temps le jury ne le fît pas, et ce fut si bien
à ses périls, qu'après la ruine du gouvernement de Juillet
on eut à craindre la dissolution de l'ordre social. Aussi,
malgré tout, la presse pourrait-elle encore se défendre :
Assurez, dirait-elle, à une réunion d'hommes l'irresponsabilité et l'impunité, et vous verrez ce qu'ils feront; or,
on m'a mise dans cette situation de ne plus connaître ni
frein ni mesure, et qui? ceux-là même qui étaient
chargés de me réprimer! Ils applaudissaient à mes
excès, ils me poussaient au mal; voici ce que je puis
dire pour plaider ma cause. Que dira le jury pour

plaider la sienne? Si je suis coupable, il est complice, et le jury, c'est la société; ceux qui m'accusent devraient donc s'accuser d'abord eux-mêmes.

Le jury ne pourrait invoquer comme excuse que l'entraînement et l'imprévoyance, et la moralité à tirer du débat ne serait-elle pas qu'il eût fallu attribuer la répression des délits de presse à un jury supérieur que ses lumières eussent rendu moins entraîné et moins imprévoyant. Pour l'avenir, l'organisation de la haute cour instituée par la Constitution du 12 novembre 1848 ne pourrait-elle pas être un précédent?

Pour indiquer les dangers qui naissent de la licence de la presse, il me fallait parler d'un temps où la presse fut libre; je devais donc la prendre telle qu'elle exista de 1830 à 1848. Je dois maintenant dire quels sont les inappréciables bienfaits de sa liberté. Pour les rendre plus saisissants, je comparerai des époques où la presse fut asservie et des époques où la presse fut libre; je remonterai la chaîne des temps pour chercher quels furent, dans le passé, les tristes résultats de l'absence de la liberté de la presse, je reviendrai au gouvernement de

Juillet pour constater l'influence d'une presse libre. Cette étude devait nécessairement se rattacher à la période de l'histoire de la presse dont je m'occupe en ce moment, car elle seule pouvait fournir le second terme de la comparaison que je me proposais d'établir.

Une opinion, aujourd'hui fort répandue, se plaît à voir dans les qualités personnelles des hommes qui gouvernèrent le pays de 1830 à 1848 l'unique garantie qu'ait eue alors la société contre les excès du pouvoir. Sans aucun doute, ce respect des droits de chacun, cette scrupuleuse soumission à la loi, qui sont restés, qui resteront comme le caractère particulier du règne du roi Louis-Philippe, sont et seront toujours la gloire et l'honneur du Roi et de ses conseillers ; mais les institutions politiques qui régissaient alors la France doivent-elles être comptées pour rien dans l'histoire de ce gouvernement libéral jusqu'à souffrir la licence, débonnaire jusqu'à endurer l'outrage ? je ne saurais le croire. Ce qui pouvait manquer alors aux institutions, la liberté de la presse l'assurait ; je n'en veux pour preuve que les quelques exemples qui vont suivre. On comprend que je dois me restreindre, et je ne parlerai ici de la liberté de la presse que dans ses rapports avec la liberté individuelle et avec l'égalité devant la loi.

La liberté individuelle, c'est la vie, la dignité humaine ; on la définit légalement : la garantie assurée à tous les citoyens qu'ils ne pourront être poursuivis et arrêtés que dans les cas prévus par la loi. Supposez-la supprimée et vous rétablissez le régime des lettres de cachet et des prisons d'État ; bien plus, en passant par la Bastille, vous arrivez au Parc aux Cerfs. A vrai dire, ce n'est pas une liberté politique, c'est le respect de la créature la plus parfaite de Dieu ; ce n'est pas un principe constitutionnel, c'est une religion. Et bien, j'ose affirmer que la liberté individuelle n'existe que là où la liberté de la presse la garantit ; notre histoire en témoigne invinciblement et il suffit de jeter les yeux sur le passé pour s'en convaincre. Sous l'ancien régime pas de liberté de presse, et aussi pas de liberté individuelle. Une lettre écrite par ordre du Roi, contresignée d'un ministre, scellée du sceau du Roi, et tout est dit : les portes d'une prison d'État se referment peut-être pour toujours sur un homme.

L'abus était tel que le président Lamoignon de Males-
herbes, adressant le 14 août 1770, au nom de la Cour des
aides, des remontrances au Roi, le signalait en ces termes : « Il en résulte, Sire, qu'aucun citoyen dans votre
royaume ne peut être assuré de ne pas voir sa liberté
sacrifiée à une vengeance ; car personne n'est assez grand
pour être à l'abri de la haine d'un ministre, ni assez petit
pour n'être pas digne de celle d'un commis des Fermes. »

La Convention agit pour la liberté individuelle comme
pour la liberté de la presse ; elle les proclama solennellement toutes deux, et on sait que dans aucun temps,
dans aucun pays, elles ne furent moins respectées. J'ai
dit plus haut les déportations du Directoire, qui, en
atteignant bon nombre de journalistes, les frappaient
l'une et l'autre du même coup. Au sortir des orages révolutionnaires, à mesure que le pouvoir de Bonaparte
grandit, la liberté individuelle comme la liberté de la
presse s'en allèrent. Une commission dite de la liberté
individuelle fut organisée dans le sein du Sénat, par le
sénatus-consulte du 28 floréal an XII, le même qui
créait dans le même corps la commission dite de la

liberté de la presse, commission dont j'ai parlé précédemment. Quelques jours après la promulgation du décret du 15 février 1810, qui mettait la presse entière entre les mains de l'Empereur et de ses agents, le 3 mars de la même année, Napoléon rétablissait les prisons d'État; une décision rendue sur le rapport du ministre de la justice ou de la police, par un conseil privé composé du grand juge, de deux ministres, de deux sénateurs, de deux conseillers d'Etat, de deux membres de la Cour de cassation, restaurait sous une forme nouvelle les lettres de cachet de l'ancien régime. Dans les premiers temps de la Restauration, le maintien de la censure assujettit la presse au pouvoir, et en même temps une loi mit entre les mains de l'administration la liberté individuelle de tous les citoyens; mais à partir de 1820, du jour où la presse, encore censurée, mais écho de la tribune, put reproduire les discours de ceux qui, dans le sein de la Chambre des députés, s'étaient constitués les vigilants gardiens des droits de la nation, elle exerça sur la liberté individuelle sa bienfaisante influence. Dès lors les arrestations arbitraires prirent fin, et sous le règne du roi Louis-Philippe, avec une presse entièrement libre, même en présence des dangers sans nombre qui compromettaient l'établissement du régime nouveau, l'histoire ne trouve à signaler aucun fait attentatoire à la liberté individuelle. Ce n'est pas le moindre éloge que l'on doive faire du gouvernement de 1830, mais ici éloge est justice.

Je m'arrête. Quelle conséquence tirer du développement simultané de la liberté de la presse et du respect de la liberté individuelle, si ce n'est celle qu'indiquent et l'irréfutable logique des faits et le raisonnement le plus simple.

Quelles que soient les stipulations constitutionnelles, quand un gouvernement s'est placé dans une situation telle qu'il a conscience que ses actes vont susciter contre lui de justes ressentiments, quand il lui faut aller jusqu'à mettre la main sur un homme dont il proclame lui-même l'innocence en n'osant pas le traduire devant ses juges naturels, il faut du même coup qu'il étouffe les murmures nés de ses excès; il faut qu'il impose silence à cette liberté de la presse qui l'arrêtait hier, qui l'accusera demain, et qui de murmures légitimes pourrait bien faire de légitimes colères.

Au fond, en France, la liberté de la presse est notre *habeas corpus.*

Ce n'est pas tout. La liberté de la presse est encore le plus solide rempart de l'égalité des citoyens devant la loi, et il faut la considérer sous ce nouvel aspect.

Le privilége est l'allié naturel de tout pouvoir despotique. Alors qu'une volonté unique dispose des destinées d'un peuple, cette volonté, quelque puissante qu'elle soit, est tôt ou tard effrayée de son isolement même. Elle cherche bientôt des appuis, elle crée des intérêts identiques aux siens et elle s'en entoure comme d'un gage de sécurité dans le présent, de durée dans l'avenir. Pour s'attacher une partie de la nation, elle l'isole du reste du peuple, elle lui donne la richesse pour la faire puissante, la noblesse et le droit d'aînesse pour que cette puissance soit héréditaire. Alors disparaît l'égalité des citoyens devant la loi. C'est que la liberté politique, armée de la liberté de la presse, peut seule l'assurer et que, là où elles ont péri l'une et l'autre, on voit bientôt au

milieu de leurs ruines communes le despotisme poursuivre sa marche assurée vers sa dernière conséquence :
le privilége. L'histoire ne constate que trop cette destinée
fatale du pouvoir absolu, mais il était réservé à notre
siècle d'en fournir peut-être le plus instructif exemple.
J'ai dit ce qu'était devenue en l'an viii la liberté de la
presse, en l'an xii l'égalité civile eut le même sort. Lisez
le sénatus-consulte du 20 floréal an xii, les décrets du
30 mars 1806, du 1er mars 1808, du 3 mars 1810, où
Bonaparte, devenu empereur, reconstitue une féodalité
nouvelle couronnée par la centralisation, où il emprunte
indirectement le droit d'aînesse aux législations du
moyen âge, et demandez-vous ce que devenait avec une
pareille organisation sociale l'égalité civile.

Or, supposez que celui qui prenait de pareilles mesures
dût s'attendre à les voir débattre librement par la
presse, supposez que ceux-là même en faveur desquels
la noblesse était rétablie fussent certains de voir leurs
titres à entrer dans l'aristocratie nouvelle discutés sans
entraves par l'opinion, et Bonaparte se fût-il arrêté un
instant à la pensée de féodaliser la France à nouveau ?

6*

ses conseillers et ses ministres, quelques-uns coiffés
hier encore du bonnet rouge, eussent-ils osé lui substituer une couronne ducale ou une couronne de comte?
A cette question la réponse n'est pas douteuse, et ainsi
se révèle l'action de la liberté de la presse sur le maintien de l'égalité civile.

La Restauration conserva les titres et les majorats ; ce
legs de l'Empire lui était trop agréable pour qu'elle
songeât à le répudier ; mais le jour où, pour couronner
l'édifice qu'elle aussi se complaisait à reconstruire, elle
demanda aux Chambres de rétablir le droit d'aînesse, ce
que l'Empire avait fait dans le silence, elle ne put le
tenter sans que la presse soulevât le pays. A l'éternel
honneur de la Chambre des pairs, la proposition du
gouvernement fut rejetée par ceux-là même qui avaient
le plus d'intérêt à l'adopter ; il faut le reconnaître, mais
il faut dire aussi que la presse avait à l'avance frappé à
mort le projet de loi : nouvel exemple de son influence
sur l'égalité civile.

Enfin, sous le gouvernement de Juillet, avec la liberté
de la presse l'égalité civile devint une vérité ; la créa-

tion de majorats fut interdite pour l'avenir, les majorats érigés ne furent maintenus que par respect des droits acquis, et encore ne fut-ce qu'avec des restrictions. L'usurpation des titres cessa d'être un délit, tout le monde put en prendre, et si la couronne en conféra quelques-uns, personne n'y attacha grande importance; car du moment qu'une noblesse n'a plus de priviléges, il n'y a plus de noblesse.

Cette succession de faits suffit, à mon sens, pour montrer les liens indissolubles qui unissent l'égalité civile avec la liberté, et particulièrement avec la liberté de la presse; mais il en est peut-être qui en seraient peu touchés. A ceux-là, je citerai le mot de Tacite, s'étonnant de rencontrer dans Tibère presque une vertu : « Jamais, dit-il, il ne sollicita les juges. » Tacite pensait-il que souvent la justice humaine est docile aux ordres du puissant? Or, dans les gouvernements absolus, le puissant, c'est le maître et les siens; dans les gouvernements libres, le puissant, c'est l'opinion publique éclairée par la presse. Le maître et les siens peuvent avoir des services à demander à des arrêts, l'opinion n'a d'autre intérêt que la justice, et peut-être ne serait-on pas aussi indifférent à la liberté de la presse, si l'on venait à songer qu'elle est la base de l'indépendance des tribunaux, par conséquent, la garantie de l'égalité des citoyens devant l'application des lois.

Je viens d'indiquer l'influence de la liberté de la presse sur la liberté individuelle et sur l'égalité des citoyens devant la loi, parce que je crois qu'il n'est pas d'homme qui ne tienne à la première, qu'il n'est pas un de mes concitoyens qui n'attache à la seconde le plus grand prix. On pourrait étendre cette étude à la liberté de conscience, à la liberté des élections, etc. etc., en sorte que de ce travail d'ensemble ressortirait que la liberté de la presse est la garantie suprême de toutes les autres.

Peut-être pensera-t-on qu'emporté par mon sujet, j'attribue à la liberté de la presse une influence prépondérante, bien plus, une influence exclusive ; je dois me laver de ce reproche. J'ai insisté précédemment sur le rôle de l'opinion publique dans les pays libres ; c'est elle qui, indirectement par les conseils nationaux, directement par les élections, s'empare de la direction des affaires ; c'est elle qui porte au pouvoir ou en précipite à son gré les interprètes temporaires de sa volonté souveraine ; c'est elle qui surveille le gouvernement, l'approuve, le blâme, l'encourage, le réprime ; la crainte salutaire de lui déplaire est en réalité le seul frein des gouvernants, elle les fait vigilants aux intérêts de la nation, fidèles aux engagements constitutionnels, soumis à la loi. Personne, je pense, ne niera ce rôle universel et prépondérant de l'opinion publique dans les pays libres ; eh bien, ce rôle c'est celui de la presse. N'est-ce pas elle qui, en portant sur tous les points du territoire à la fois, la discussion de tous les intérêts, de tous les droits, de tous les actes des agents de l'autorité, qui, en se plaçant aux points de vue les plus divers pour les apprécier, les combattre, les défendre, éclaire l'opinion et en quelque sorte la forme ? N'est-ce pas par elle enfin que se produit l'expression de la volonté nationale, son jugement sur toutes choses ? et cela ne suffit-il pas pour légitimer le caractère général que j'ai assigné à l'action de la liberté de la presse, pour légitimer cette conclusion : Pense-t-on que

les nations, que l'homme même, n'aient aucun droit ;
que leur destinée soit d'obéir sans murmure à la volonté
juste ou injuste d'un homme, il faut proscrire la liberté
de la presse ; pense-t-on le contraire, c'est le contraire
qu'il faut décider.

Le lecteur peut se ranger dans l'un ou dans l'autre
camp ; quant à l'auteur, il est enrôlé.

1848—1860

1848 — 1860 .

Il faut convenir qu'à en croire la presse officielle la France est depuis soixante-dix ans une personne bien malade. Pendant cette période, qui ne l'a un peu sauvée ? Sans parler de la Convention qui la sauvait tous les jours par les procédés que chacun sait, ni du Directoire qui la sauvait chaque année par un coup d'État, le 18 brumaire, le retour de l'île d'Elbe et toutes les révolutions qui se sont succédé depuis n'ont-ils pas été célébrés tour à tour et indifféremment comme son salut par le journal qui prête successivement ses colonnes à toutes les causes victorieuses, et dont la manière de voir a fait parmi nous tant de convertis ?

Malheureusement le nombre de ces cures merveilleuses est trop grand, la foi s'épuise devant tant de miracles, et l'on en vient à penser qu'une personne qui s'est

7

sauvée si souvent et avec des médecins si différents a bien pu devoir son salut à la force de son tempérament et à des circonstances diverses et salutaires.

Pour mon compte, je crois que la remarque n'est pas particulière à la France, et je comparerais volontiers toute nation en proie aux révolutions à un pendule en mouvement. Il y a en effet au fond de toute société une certaine somme de principes, de droits et d'intérêts légitimes, qui en sont comme le poids, et de même que le pendule n'est en repos que lorsque rien ne vient troubler son équilibre, de même les sociétés et les nations ne cessent d'être en révolution que le jour où les principes qu'elles professent, les droits et les intérêts légitimes sur lesquels elles reposent, sont satisfaits. Jusque-là, les sociétés et les nations cherchent leur aplomb, et ce n'est que lorsqu'elles l'ont trouvé, qu'elles se fixent, et que la révolution prend fin.

La révolution du 24 février 1848 apporta dans l'existence nationale un trouble considérable. Du XIe au XVIe siècle, la France, avec des fortunes diverses, a tracé péniblement sa route vers la liberté politique et l'égalité civile, sous le patronage d'une royauté héréditaire aussi ancienne que la nation et qui, avec l'aide des siècles, avait fondé l'unité française. Momentanément interrompue par l'omnipotence du pouvoir royal, la tradition nationale avait été reprise par l'Assemblée constituante de 1789. Sans doute, après les fureurs de la Convention, après la gloire militaire du premier Empire, on put croire que tout lien était brisé entre la France nouvelle et la royauté de l'ancienne France; mais bientôt le régime constitutionnel de 1814 et celui de 1830 vinrent renouer la chaîne des temps et des idées par l'alliance de la tradition nationale et des principes de liberté. Il semblait que le pays avait trouvé son assiette et qu'il allait suivre dans l'avenir la voie qui lui paraissait tracée par son passé. Il n'en a pas été ainsi. La République de 1848 brisa, sans motif légitime, le cours régulier des destinées du pays; elle se présentait avec les antécédents les plus fâcheux; œuvre d'une secte imperceptible par le nombre, elle ne recrutait de partisans que par les plus insensés de ses sectaires. Elle ne rencontrait, ce semble, aucune résistance sérieuse et, s'enivrant elle-même de la facilité

avec laquelle elle s'établissait, elle pouvait dire à ses
agents : « Vous ne relevez que de votre conscience[1]. »

Au fond il n'en était rien : sous cet abandon apparent
de la nation se trouvait la force très-réelle, quoique la-
tente, des mœurs séculaires, des droits et des intérêts
compromis, avec deux armes toutes puissantes, qui ban-
nissaient jusqu'à la pensée d'imposer par la violence le
gouvernement nouveau : la liberté de la presse et le respect de la loi. La liberté de la presse, qu'une révolution
faite au nom de la liberté était forcée de subir ; le respect de la loi resté, après sa chute, comme un legs du
régime de 1830.

Je ne dois m'occuper que de la liberté de la presse, et
j'y reviens.

La succession régulière des phénomènes qui se produisent incessamment laisse l'attention distraite sur les
lois dont ils dérivent et sur l'intérêt de leur permanence.
Pour en faire apprécier l'importance, il faut en supposer
la suspension et se demander ce qui arriverait en leur

[1] 16e *bulletin*. 1848.

absence. Or, en 1848, on était tellement habitué à discuter toutes les mesures du gouvernement, à juger tous ses actes, que l'on ne savait aucun gré à la liberté de la presse des services qu'elle rendait. Il semblait que cela fût tout naturel et qu'il n'en pût être autrement; on peut aujourd'hui se rendre compte plus exactement du rôle considérable que la liberté de la presse a joué à cette époque.

Il s'agissait de tout autre chose qu'en 1830; ce n'était plus la forme politique qui était en jeu, c'étaient les bases mêmes de la société, et si elles n'étaient pas sérieusement compromises, elles étaient du moins attaquées avec une audacieuse démence; ce n'était plus un pouvoir, en grande majorité du moins, très-décidé à lutter contre l'insurrection et inspirant confiance au pays, c'était une réunion de gouvernants dont les plus fermes conspiraient avec l'émeute que leurs collègues avaient soulevée. Aussi la nation n'accordait-elle à aucun sa pleine confiance; elle se prodiguait à certains hommes en popularité et en enthousiasme pour les engager dans sa cause; elle avait besoin de croire à quelqu'un, mais au vrai, elle ne croyait à personne ; elle se complaisait dans l'illusion qu'elle voulait se faire à elle-même et elle lui demandait d'engourdir ses appréhensions, d'alléger ses craintes, tout en sentant bien que ce n'était qu'une illusion. C'était en elle-même qu'étaient les éléments de sa force, mais ces éléments, il fallait les réunir pour leur donner leur valeur, il fallait les mettre en action en dehors d'un gouvernement suspect; ce fut l'œuvre de la liberté de la presse.

Elle commença par relever les courages en démontrant la légitimité des principes, des droits, des intérêts, fondements même de l'ordre social ; en dégageant de tout nuage, par la plume des plus illustres, la conviction de la société qu'elle avait droit et raison, elle la mit en pleine possession du plus puissant sentiment qu'une réunion d'hommes puisse avoir : la croyance à la sainteté de leur cause. En plaçant le salut commun sous la sauvegarde du salut individuel, elle inspira la plus formidable ligue qui ait jamais existé. Les jours de danger suprême passés, elle continua la lutte, elle amena la République à composition, elle la rapprocha le plus possible du pays en lui inspirant le respect de ses mœurs. Que sans la liberté de la presse il eût été possible d'arriver à ces résultats, je n'ose le nier ; mais, cependant, que l'on suppose la liberté de la presse supprimée, le gouvernement provisoire du 24 février 1848 sans contre-poids, la nation sous le joug, sans organe pour se reconnaître, que l'on suppose la France surprise par la soudaineté de mesures imprévues auxquelles on n'eût pu opposer qu'une résistance individuelle, et n'est-il pas de toute évidence que les dangers eussent été plus grands encore et la crise plus douloureuse et plus longue ? Il faut donc le reconnaître : la liberté de la presse fut à cette époque le principal instrument à l'aide duquel la nation parvint à son but. Ceux qui ont gardé si bonne mémoire de ses torts avant la révolution de Février ne devraient-ils pas se rappeler un peu les services qu'elle rendit après ? ces services n'ont-ils pas racheté en partie ses torts ?

La liberté de la presse devait sortir mutilée de cette grande lutte.

Je ne parlerai du gouvernement provisoire que pour dire qu'il maintint l'impôt du timbre sur les journaux et

écrits périodiques, sauf pendant les dix jours qui devaient précéder l'élection de l'Assemblée constituante ;
qu'il astreignit toute affiche et tout livre à porter le nom
d'un imprimeur ; qu'il abrogea la loi du 9 septembre
1835. Sans doute sa situation éphémère, l'esprit de la
révolution dont il sortait, la condition précaire que lui
faisait l'hostilité de l'opinion publique, l'obligèrent au
respect de la liberté de la presse ; mais il ne fit aucune
entreprise contre elle, et il est juste de le reconnaître.

Malheureusement il n'en fut pas ainsi du gouvernement du général Cavaignac ; ce fut de ses mains que la
liberté de la presse reçut ses premières et, j'ose le dire,
ses plus dangereuses blessures. En l'absence de toute loi
sur la presse émanant de l'autorité législative, le général
Cavaignac et son gouvernement, à peine investis du
pouvoir, suspendirent administrativement onze journaux politiques, et le rédacteur en chef d'une de ces
feuilles fut incarcéré et mis au secret. L'immense majorité ne vit dans cet acte qu'une inconséquence ; elle se
demanda comment des mesures qui prétendaient se
légitimer par la défense des principes sur lesquels repose

l'ordre social atteignaient, parmi les organes de la presse, les plus accrédités et les plus vaillants dans la défense de ces mêmes principes. Les politiques y virent autre chose : ils y virent une illégalité regrettable dans le présent et funeste en conséquences dans l'avenir.

La mise en état de siége de la ville de Paris autorisait-elle cet excès de pouvoir? La question fut soulevée au sein de l'Assemblée nationale; mais, d'une part, le général n'aimait pas qu'on discutât ses actes, et, d'autre part, l'Assemblée, heureuse d'avoir porté au pouvoir un homme dont les idées répondaient aux siennes, un drapeau, un général républicain dont les circonstances avaient fait le héros de l'opinion, était pleine de ménagements pour la susceptibilité du chef du pouvoir exécutif et, de peur de la blesser, elle se soumettait à toutes ses exigences. Situation singulière, mais vraie, et qui suffirait seule à prouver combien les plus républicains des Français avaient peu d'idée de l'essence même du gouvernement républicain.

Malgré la protestation du barreau de Paris, malgré les sévères et prévoyantes remontrances de quelques-uns de ses membres, l'Assemblée constituante passa à l'ordre du jour sur la proposition d'examiner la légalité de ces actes du gouvernement. Ce vote devait porter ses fruits : quelque temps après, cinq suspensions nouvelles, prononcées par voie administrative, vinrent affliger la liberté de la presse.

Je sais que l'on me reprochera peut-être de ne tenir aucun compte des dangers qui menaçaient alors le pays, des embarras vraiment extrêmes contre lesquels le gouvernement avait à lutter. Le sacrifice de la première des libertés nationales fut peut-être un expédient utile après les journées de juin 1848; mais ce fut certainement un procédé révolutionnaire. On crut le légitimer en invoquant les circonstances, la loi suprême du salut public, excuse habituelle de tout arbitraire, avant-coureur ordinaire de tout despotisme, prétexte à toute violation des lois, toujours regrettable en fait, toujours condamnable en théorie.

Ces suspensions de journaux, prononcées par le pouvoir exécutif, forment le point important de l'histoire de la liberté de la presse à cette époque. Un projet de loi non discuté sur la poursuite des délits de presse, projet de loi beaucoup plus sévère que la loi du 9 septembre 1835, fut présenté par le gouvernement du général Cavaignac à l'Assemblée constituante ; cette même Assemblée rétablit le cautionnement des journaux, mais elle ne donna à cette mesure qu'un caractère provisoire, réservant même son sentiment sur le principe qui servait de base aux dispositions législatives qu'elle adoptait. Elle a laissé enfin une loi générale sur la presse, puisée principalement dans la législation de 1819 et de 1822; mais l'on y reconnaît cependant de nombreux emprunts faits à la loi du 9 septembre 1835, entre autres les dispositions qui ont pour but de protéger contre les attaques de la presse les institutions républicaines et la Constitution, le principe de la souveraineté du peuple, celui de la propriété, les emblèmes du gouvernement républicain, enfin la paix publique, contre les publications de nature à la troubler, en excitant au mépris ou à la haine les citoyens les uns contre les autres.

Les circonstances amenèrent d'abord l'Assemblée législative à se prononcer sur les droits que l'état de siége

conférait contre la presse au pouvoir exécutif. Cette mesure de salut public venait d'être encore appliquée à la capitale, et le gouvernement du Président de la République
avait suspendu plusieurs journaux. Cette suspension
était-elle légale? Question encore douteuse, malgré le
vote de la Constituante, qu'une consultation des membres du Conseil d'État venait de résoudre affirmative-
ment, mais qui, cependant, partageait les meilleurs esprits. Pour la trancher, une loi sur les effets de l'état
de siége fut présentée à l'Assemblée, qui, en la votant,
conféra au pouvoir exécutif, l'état de siége une fois pro-
clamé, le droit d'interdire les publications de nature à
exciter et à entretenir le désordre.

Ce n'est pas sans un sentiment pénible qu'en rappelant
ces faits presque contemporains, en comparant les époques, que l'on sent peu à peu s'affaiblir dans la nation
l'amour vigilant de la liberté. Comment, en parlant de
l'état de siége accepté par tout le monde en 1849,
en voyant étendre ses effets au lieu de les voir restreindre, comment, dis-je, ne pas se souvenir, même
involontairement, de cet arrêt célèbre, rendu par la

Cour de cassation le 29 juin 1832? A cette époque aussi les dangers menaçaient de toutes parts, l'émeute grondait encore dans la rue, et cependant il paraissait tellement exorbitant de soustraire les citoyens à leurs juges naturels, que la magistrature, soutenue par l'opinion et respectée par le pouvoir, se refusait à reconnaître comme légale la juridiction des conseils de guerre créés par l'ordonnance qui établissait l'état de siége. Pourquoi dans une même nation, dans des circonstances identiques, à des époques si près l'une de l'autre, des sentiments si différents? Ne serait-ce pas que l'appareil extérieur des institutions libérales doit convenir au tempérament des peuples, pour que la liberté soit durable? Ne serait-ce pas que chez nous l'exagération du rôle des Assemblées dans le gouvernement fut fatale auprès de l'opinion publique à la cause parlementaire, et qu'en France on aima plus la liberté sous la forme monarchique que sous la forme républicaine? Sous la République, elle fit peur.

Quoi qu'il en soit, ce n'était qu'incidemment que la loi sur les effets de l'état de siége s'occupait de la presse, et il est juste de reconnaître qu'elle ne prévoyait que des circonstances exceptionnelles. Mais l'Assemblée législative fit de la presse, à deux reprises différentes, l'objet spécial de ses délibérations complètes et approfondies. Cependant je n'analyserai pas les deux lois qui sortirent de ses travaux ; elles laissèrent subsister un grand nombre des dispositions des lois antérieures, et les exposer seules ne serait que présenter un aperçu incomplet et tronqué de la législation de la presse à cette époque. Il faut ici mieux que cela.

De 1819 à 1851, un même esprit, un même but relient entre elles toutes nos lois sur la presse : le respect de la liberté, la recherche d'une répression efficace. C'est en 1851 que les principes professés et pratiqués en France pendant plus de trente ans ont fait place à d'autres. N'est-ce pas à cette date qu'il convient de s'arrêter pour rappeler les dispositions législatives qui ont longtemps chez nous régi la presse. Cette législation, je le sais, est aujourd'hui lettre morte ; mais notre temps, qui va demander aux lois barbares les secrets de l'organisation des sociétés modernes à leur naissance, voudrait-il si

vite oublier sa propre histoire qu'il ne portât plus aucun
intérêt à ce qui le passionnait hier encore? Je ne saurais le croire, je ne voudrais pas qu'on me le prouvât.
Du reste, cette recherche, archéologique si l'on veut,
rentre nécessairement dans le plan de mon travail. J'exposerai donc, dans ses détails, la législation qui, en 1851,
réglementait la presse périodique ou non périodique.

Pour assurer la répression des délits de la presse non
périodique, il a suffi à la loi d'organiser la police de
l'imprimerie et de la librairie de manière à ce que le
nom de l'auteur de tout écrit ne pût lui être caché. C'est
ce qu'ont fait le décret du 5 février 1810, la loi du 21 octobre 1814 et celle des 27-29 juillet 1849. En voici les
dispositions principales :

Dans chaque département le nombre des imprimeurs
est fixé[1]. Chacun d'eux doit être muni d'un brevet et
prêter serment[2]. Est réputé clandestin et puni comme
tel tout établissement typographique non déclaré à la

---

[1] Décret du 5 février 1810, art. **3**.
[2] Décret du 5 février 1810, art. 5. Loi du 21 octobre 1814, art. 11.

direction générale de la librairie et pour lequel il n'a pas été obtenu de permission [1]. Le brevet peut être retiré en toutes circonstances par l'administration [2]. Tout imprimeur est tenu de porter sur un registre coté et paraphé le titre des ouvrages qu'il se propose d'imprimer avec le nom de leur auteur [3]. Il doit envoyer copie de chaque article de ce registre à la direction générale de la librairie, au préfet dans les départements [4], et au parquet du Tribunal de première instance [5]. Il doit déposer deux exemplaires de tout ouvrage sortant de ses presses à la direction générale de la librairie, ou dans les départements au secrétariat de la préfecture [6]. Cette déclaration et ces dépôts sont prescrits, sous peine de saisie et de sequestre pour l'ouvrage, d'amende pour l'imprimeur [7]. L'absence de l'indication du nom et de la demeure de

---

[1] Décret du 5 février 1810, art. 13.

[2] Loi du 21 octobre 1814, art. 12.

[3] Ordonnance du 25 octobre 1814, art. 2.

[4] Décret du 5 février 1810, art. 12.

[5] Loi des 27-29 juillet 1849, art. 7.

[6] Loi du 21 octobre 1814, art. 14.

[7] Loi du 21 octobre 1814, art. 15 et 16.

l'imprimeur sur chaque exemplaire des livres qu'il a imprimés, la substitution d'un autre nom au sien sont considérés comme un délit punissable d'amende et même en certains cas d'emprisonnement [1] ; il doit être poursuivi devant les tribunaux correctionnels, seuls compétents pour tous les délits commis par les maîtres imprimeurs dans l'exercice de leur profession [2]. En cas d'écrits diffamatoires enfin, la bonne foi de l'imprimeur doit être admise comme excuse [3]. Des mesures analogues s'appliquent aux libraires ; ainsi leur profession est aussi privilégiée [4], ils sont soumis à l'obtention d'un brevet et à la prestation du serment [5]. Cependant leur brevet ne peut leur être retiré qu'après condamnation [6]. Ils ne peuvent éditer, sous peine de confiscation, d'ouvrages sans nom d'auteur ou d'imprimeur [7]. Ils doivent

---

[1] Loi du 21 octobre 1814, art. 17.
[2] Loi du 17 mai 1819, art. 21.
[3] Loi du 17 mai 1819, art. 24.
[4] Règlement du 18 février 1823.
[5] Décret du 5 juillet 1812.
[6] Loi du 21 octobre 1814, art. 12.
[7] Décret du 5 février 1810, art. 14.

être poursuivis comme faussaires s'ils éditent un livre sous un autre nom que le leur[1]. Ils sont soumis pour tous les délits qui touchent à leur profession à la juridiction des tribunaux correctionnels[2].

La rigueur de cette législation aurait pu sans doute avoir les plus graves inconvénients. La responsabilité qui pesait sur l'imprimeur lui donnait le droit de s'ériger en censeur des travaux qui lui étaient remis ; il pouvait refuser ses presses, car nul ne saurait être contraint à commettre un acte qu'il considère comme un délit, et il eût pu en résulter l'établissement, par voie indirecte, d'une véritable censure, d'autant plus craintive que la profession de celui qui l'exerçait dépendait entièrement de l'administration. Il pouvait devenir impossible de blâmer tout abus ; et ce régime n'a été modifié ni sous la monarchie constitutionnelle ni sous la République ! On pourrait s'en étonner si l'on ne savait qu'alors la liberté de la presse périodique et la liberté de la tribune

---

[1] Règlement du 28 février 1823.

[2] 5 février 1810, art. 43.

étaient des garanties suffisantes contre les excès du pouvoir. En fait, l'arme restait dans l'arsenal des lois, on
n'en usait pas, et c'est ce qui explique pourquoi personne ne pensait à la détruire. On pourrait sans doute
regretter que les gouvernements libres n'aient pas substitué d'autres garanties à celles que je viens d'exposer,
mais faire de cet oubli une accusation rétrospective
contre eux, ce serait être injuste. Ils n'étaient pas obli-
gés de prévoir ce qui arriverait après qu'on les aurait
renversés.

J'arrive à la presse périodique. C'est d'elle que se sont
particulièrement occupées les lois sur la presse, c'est
elle aussi qui fait l'objet principal de ce travail. Je rap-
porterai donc les dispositions des lois qui la concer-
naient en 1850, sauf deux points sur lesquels je ne reviendrai pas : le cautionnement, j'en ai exposé la théorie ;
le timbre, j'ai indiqué les principes qui légitiment cet
impôt. L'un et l'autre ont été du reste consacrés par la
reconnaissance expresse ou tacite des divers gouvernements qui se sont succédé en France depuis le commencement du siècle ; la monarchie constitutionnelle comme

l'Empire, la République comme la monarchie constitutionnelle les ont maintenus, et encore bien que l'équité
de l'impôt du timbre, la nécessité du cautionnement
s'établissent théoriquement, on peut en outre invoquer
pour tous les deux la longue prescription qui les a en
quelque sorte acquis comme règles fondamentales à la
législation de la presse.

Tout Français majeur et jouissant des droits civils
avait, en 1850, le droit, sans intervention aucune de l'administration, d'établir un organe de publicité [1]. Le ver-
sement d'un cautionnement dont la loi elle-même fixait
la quotité [2], la nomination d'un gérant responsable [3],
propriétaire lui-même d'un tiers du cautionnement [4], la
déclaration de la constitution du journal [5], telles étaient
les formalités que la loi imposait au fondateur de toute

---

[1] Loi des 18-23 juillet 1828, art. 1.

[2] Loi des 18-23 juillet 1828, art. 2. Loi des 27, 28, 29 juillet 1849,
art. 8.

[3] Loi des 18-23 juillet 1828, art. 1. Loi des 27, 28, 20 juillet 1849,
art. 8.

[4] Loi des 18-23 juillet 1828, art. 5.

[5] Loi des 18-23 juillet 1828, art. 6.

entreprise de ce genre. Il ne suffisait pas cependant de se conformer, au moment de l'établissement d'un journal, aux prescriptions qui concernent le cautionnement et le gérant responsable, elles avaient un caractère permanent et devenaient en quelque sorte les conditions mêmes de l'existence de l'entreprise. Aussi la loi veillait-elle à ce qu'elles fussent toujours et constamment remplies [1]. En outre, tout numéro d'une feuille périodique quelconque devait porter le nom de l'imprimeur et celui du gérant et être déposé entre les mains de l'administration [2], sans que ce dépôt pût toutefois retarder le départ et la distribution du journal [3]. Enfin tout article de discussion politique, philosophique ou religieuse devait être signé de son auteur [4].

Même dans ces conditions certains sujets étaient soustraits à la publicité; dans d'autres cas, au contraire, elle

---

[1] Loi du 9 juin 1849, art. 6. Loi du 18 juillet 1828, art. 3; *id.*, art. 4.

[2] Loi du 18 juillet 1828, art. 8.

[3] Loi du 9 juin 1819, art. 5 *in fine.*

[4] Loi des 16-23 juillet 1850, art. 3.

pouvait être exigée de tout journal, soit par les particuliers, soit par le gouvernement. Il était interdit à la
presse périodique de rendre compte des procès en diffamation[1]; de faire connaître, autrement que dans le
compte rendu de l'audience où le jury avait été constitué, le nom des jurés faisant partie des cours d'assises;
de révéler les actes et les délibérations secrètes de la justice, préliminaires de ses décisions publiques; d'ouvrir,
d'annoncer des souscriptions ayant pour objet d'indem-
niser des amendes, frais, dommages et intérêts pronon-
cés par des condamnations judiciaires[2].

Tout organe de publicité politique était tenu d'insérer
les actes officiels et autres communications du gouvernement, ainsi que les rectifications et réponses des particuliers ou de l'administration à ses assertions ou à
ses attaques[3].

Mais c'était surtout dans la détermination des délits
particuliers à la presse que le législateur avait fait effort

---

[1] Loi des 27-29 juillet 1849, art. 10 et 11.
[2] Loi des 27-29 juillet 1849, art. 5.
[3] Loi des 27-29 juillet 1849, art. 13.

pour prévenir ses excès en sauvegardant sa liberté. Il réprimait sévèrement l'attaque contre les principes fondamentaux de la Constitution de l'État[1], contre le chef du gouvernement[2], contre les signes extérieurs, symbole de l'autorité publique[3], contre la liberté des cultes, le principe de la propriété, les droits de la famille, la personne des représentants de la nation et des ministres des cultes salariés par l'État[4], l'excitation à la haine ou au mépris du gouvernement en général, la provocation à tout acte réputé crime ou délit par la loi pénale, ou leur apologie[5], la tentative d'embauchement tendant à détourner de leurs devoirs ou de l'obéissance qu'ils doivent à leurs chefs les militaires des armées de terre ou de mer[6], l'excitation à la haine ou au mépris des citoyens les uns contre les autres[7] ; enfin la publi-

[1] Loi des 11-12 août 1848, art. 1er.
[2] Loi des 27-29 juillet 1848, art. 1er.
[3] Loi des 11-12 août 1848, art. 6.
[4] Loi des 11-12 août 1848, art. 3.
[5] Loi des 27-29 juillet 1849, art. 3.
[6] Loi des 27-29 juillet 1849, art. 2.
[7] Loi des 11-12 août 1848, art. 7.

cation de fausses nouvelles ou de pièces fabriquées, faite de mauvaise foi[1].

Pour le journaliste et pour le gérant responsable la sanction pénale de ces délits s'étendait, d'après l'importance de chacun d'eux, depuis les peines qu'ils pouvaient encourir comme complices de l'acte coupable reconnu inspiré par le journal, jusqu'à l'emprisonnement et à l'amende. Ces peines avaient un caractère particulier, elles ne se confondaient pas et devaient être intégralement subies[2].

Une sorte de responsabilité s'étendait même jusqu'à la feuille périodique; elle pouvait toujours être suspendue si, dans la même année, elle tombait en récidive; la même pénalité la frappait, même dans une première poursuite, si elle était convaincue d'avoir servi d'instrument à l'excitation à la guerre civile ou au renversement de l'ordre établi[3].

---

[1] Loi des 27-29 juillet 1849, art. 4.
[2] Loi des 16-23 juillet 1850, art. 9.
[3] Loi des 27-29 juillet 1849, art. 15.

Les cours d'assises, seules investies de la juridiction pénale de la presse pour ces derniers délits, avaient seules aussi le droit de prononcer cette suspension[1].

Telle était, en 1851, la législation de la presse et particulièrement celle de la presse périodique; cette dernière reposait sur trois principes fondamentaux : le droit pour tout citoyen d'établir un organe de publicité; le droit pour le gouvernement et pour les particuliers de répondre aux attaques contenues dans un journal; la juridiction exclusive d'une cour de justice pour réprimer les excès de la presse.

En recherchant le rôle que doit jouer la presse, elle apparaît tout d'abord, je l'ai dit plus haut, comme une tribune ouverte à chacun pour défendre son droit; or, il n'y a pas de composition possible avec le droit, son caractère est d'être indivisible; il est aussi respectable, aussi sacré dans un seul qu'il l'est dans tous; de là l'intérêt de tous à connaître les faits qui peuvent lui porter atteinte dans le plus ignoré et dans le plus humble; de

[1] Loi des 27-29 juillet 1849, art. 15.

là aussi cette solidarité puissante qui doit exister entre tous les membres d'une même société et qui place le droit individuel sous la sauvegarde du droit public. C'est parce que la législation voulait, en 1851, assurer le respect dû à chaque citoyen, qu'elle lui donnait la faculté d'appeler à la défense de son droit la nation tout entière, et qu'admettant dans sa dernière conséquence cette théorie, elle voulait que chaque citoyen pût fonder un journal.

Je viens de dire qu'un journal est une tribune, ce n'est pas une chaire, on y discute, on n'y professe pas ; l'auditoire qui l'entoure ne doit pas seulement s'instruire, il doit aussi, il doit surtout, juger les faits passés ou à venir dont on débat devant lui l'intérêt ; il doit juger le mérite des hommes qui apportent dans la direction des affaires des qualités comme des sentiments divers. Or, c'est là un incontestable droit que chacun puisse plaider sa cause au tribunal devant lequel on l'accuse ; que pour être juge le même tribunal doit entendre le réquisitoire et la plaidoirie, qu'il s'agisse d'un homme, d'un intérêt, d'un système, peu importe. Il faut que l'opinion soit éclairée, jamais surprise. En 1851, la législation ne faisait que consacrer ce principe en donnant au gouvernement et aux particuliers le droit de répondre dans les colonnes mêmes du journal qui les avait attaqués aux accusations dont ils pouvaient être l'objet.

La juridiction exclusive des cours d'assises pour les délits politiques de la presse était aussi importante en elle-même qu'elle était féconde en conséquences. Je ne reviendrai pas sur ce que j'ai dit du jugement par jurés en matière de presse. Le jury ordinaire est-il ce qui convient le mieux ici, ne faut-il pas demander à un jury spécial plus d'indépendance, de lumières et de prévoyance dans l'appréciation des questions si complexes qui naissent des poursuites contre les journaux et écrits périodiques? C'est un point sans doute fort débattu, et qui, à tous égards, mérite de l'être; mais de quelque intérêt qu'il puisse être de savoir à quelle juridiction doivent ressortir les délits de la presse, il est infiniment plus important de savoir s'ils doivent être réprimés par une cour de justice, ou si leur répression peut être confiée en même temps aux tribunaux et à l'administration.

En 1851, la législation, en reconnaissant la compétence exclusive des cours d'assises, sauf le cas d'état de siége, se prononçait évidemment contre toute mesure adminis_trative en matière de presse. Ses auteurs pensaient sans doute que l'action de l'administration sur la presse de-vait un jour ou l'autre entraver sa liberté; que si le gouvernement pouvait agir sur elle, l'utilité de la presse en serait affaiblie et pourrait finir par en être détruite. Comment, en effet, surveillerait-elle le gouvernement, c'est-à-dire comment signalerait-elle les abus, com-ment dirait-elle des vérités, qui, pour être dures, peu-vent n'en être pas moins vraies, si elle était sous la main de son adversaire? Comment cet adversaire lui-même souffrirait-il des conseils et des attaques toujours déplaisants quand il dépendrait de sa volonté d'y mettre un terme? Dans de pareilles conditions, il semblait alors que, pour que la presse jouât le grand rôle qu'elle doit jouer, il eût fallu supposer de sa part un courage ne reculant pas devant le suicide, et de la part du gou-vernement une générosité allant jusqu'à l'abnégation. La répression des délits de la presse confiée aux cours d'assises parut au contraire, au législateur de 1850, un gage d'indépendance pour la presse et par conséquent une des conditions de son utilité. Que son œuvre semble trop libérale, que l'on préfère à la compétence des cours d'assises celle des tribunaux correctionnels, ou toute autre, préoccupation de second ordre, la compétence judiciaire ou la compétence administrative, voilà le débat capital. Je viens de dire pourquoi le législateur de 1850 avait adopté la première et répudié la seconde.

Mais quelque opinion que l'on ait sur la législation de 1850, quelle qu'ait été sa préoccupation d'assurer la liberté, il faut reconnaître qu'elle n'avait aucun goût pour les excès de la presse, qu'elle s'efforçait de les prévoir et de les réprimer sévèrement, qu'elle recherchait avec une égale conscience et le moyen de maintenir la liberté de la presse et le moyen de faire qu'elle ne fût pas dangereuse. Aussi punissait-elle les attaques de la presse contre les institutions gouvernementales [1] et les principes qui leur servaient de base

---

[1] Loi du 27-20 juillet 1849, art. 1.

contre le chef de l'État [1], les fondements de l'ordre social [2], et elle les punissait d'une pénalité rigoureuse non-seulement par l'amende et l'emprisonnement [3], mais encore en donnant aux cours d'assises la faculté de prononcer, toujours en cas de récidive et quelquefois même dans une première poursuite, la suspension du journal coupable [4]. Le but qu'elle se proposait l'eût-elle atteint? Le temps, qui eût pu seul prononcer en fait et d'une manière décisive sur ce point, a manqué à ces lois; mais, au point de vue de la théorie, qu'il soit permis de croire que cette législation donnait à la société des garanties sérieuses en même temps qu'elle veillait scrupuleusement aux intérêts de la liberté.

On a beaucoup attaqué des lois républicaines garantissant contre la presse, sous l'empire du suffrage universel, les principes sur lesquels reposait le gouvernement;

[1] Loi des 27-29 juillet 1849.

[2] Loi des 11-12 août 1848, art. 3.

[3] *Ibid.*

[4] Loi des 27-29 juillet 1849, art. 15.

on a blâmé la protection qu'elles accordaient au premier magistrat de la nation ; on a voulu enfin considérer la suspension des journaux, que les cours d'assises avaient la faculté de prononcer, comme la négation même de la liberté de la presse. Bien plus, l'assimilant à la confiscation des biens, on a tenté d'en faire une atteinte directe au principe de la propriété. Je crois ces reproches injustes et mal fondés.

Le premier besoin des sociétés est de trouver une sécurité au moins passagère dans les pouvoirs dont le fait a consacré l'existence, besoin tellement impérieux, qu'il devient, en certains temps et sous la pression de certaines circonstances, le seul mobile de l'opinion, et qui, lors même qu'il ne se produit pas par une expression aussi exclusive, n'en existe pas moins respectable et puissant. Or les choses humaines ne sont pas faites de telle façon que les principes abstraits, que les institutions destinées à les mettre en jeu puissent absolument être toujours distingués des hommes qui les appliquent. Surtout dans un pays comme le nôtre, soumis pendant près de deux siècles à l'omnipotence du pouvoir royal,

l'opinion, égarée par un sentiment en quelque sorte tra-
ditionnel, est toujours disposée à attribuer au chef de
l'État l'entière responsabilité des actes du gouvernement. Encore bien que la principale tâche des gouvernements libres soit de substituer à la volonté unique du
prince dans la direction des affaires la volonté collective
des pouvoirs que la Constitution appelle à représenter la
nation, encore bien que plusieurs de nos Constitutions
aient mis chez nous en pratique ce principe des gouvernements de liberté, il n'en est pas moins certain que,
pour le grand nombre, le chef de l'État est resté responsable de tous les actes du gouvernement, actes qu'il fut
quelquefois obligé de subir. Aussi le législateur, en 1848
et 1849, jugea-t-il que protéger le gouvernement contre la
presse sans protéger en même temps celui qui en était
le premier magistrat, c'était injuste autant qu'insuffi-
sant, et voulant que son œuvre fût juste et complète, il
étendit au Président de la République la protection qu'il
accordait au gouvernement.

Quant à la faculté donnée aux cours d'assises de
prononcer la suspension de toute feuille périodique,

est-elle destructive de la liberté de la presse? Je ne le pense pas.

Il y a deux sortes de peines, qui se distinguent par l'objet auquel elles s'appliquent : l'une est l'amende, l'autre, la pénalité qui atteint la personne dans sa liberté, dans ses droits civils ou politiques, dans sa vie. Pour certains crimes et délits, le législateur a jugé qu'une réparation pécuniaire ne pouvait être proportionnée au trouble apporté dans la société par l'action coupable; il lui a substitué une peine afflictive, c'est-à-dire frappant la personne. Or qu'est-ce qu'un journal? N'est-ce pas en réalité une personne morale, ayant action, parole, vie? Cet être moral, ainsi constitué, peut-il causer dans la société des troubles tels que l'amende soit insuffisante à les punir? Là est la question. La liberté d'un homme, c'est le don le plus précieux qu'il ait reçu de Dieu; et cependant hésite-t-on à la sacrifier, dans certains cas, à l'intérêt social? Non. Eh bien, comment, lorsqu'il s'agit d'un journal, création purement humaine, n'ayant, ne pouvant avoir que les droits que lui confèrent les lois humaines, comment, dis-je, s'arrêterait-on devant les conséquences d'une règle fondamentale dont l'intérêt de tous réclame l'application? Un homme a mal usé de sa liberté naturelle et vous lui dites : tu en seras privé pendant tel laps de temps ; un journal a mal usé de sa liberté légale et vous lui diriez : tu peux en user encore, tu es inviolable? La suspension est pour un journal ce que l'emprisonnement est pour un homme, la privation de sa liberté ; le jour où, pour assurer la réparation pécuniaire du trouble apporté dans la société par un journal, on créait le cautionnement, il fallait, pour compléter la théorie, prononcer la suspension du journal, pour les cas où l'amende était insuffisante.

Était-ce porter atteinte à la liberté de la presse? Oui sans doute, dans la même mesure que les lois répressives portent atteinte à la liberté individuelle en prononçant l'emprisonnement. Mais dans l'un et dans l'autre cas, en face du principe éminemment respectable de la liberté, se dresse le principe éminemment nécessaire de la répression des délits et des crimes.

Était-ce une violation du droit de propriété, était-ce

une confiscation détournée que cette suspension des journaux prononcée par les cours d'assises? Il est facile d'établir le contraire. La confiscation des biens, telle qu'elle a toujours été entendue, telle qu'elle exista sous l'ancienne monarchie, sous la Révolution, sous l'Empire, cette pénalité immorale et anti-sociale, que la Charte de 1814, que celle de 1830, que la Constitution du 14 novembre 1848 avaient bannie du droit public des Français, consiste dans la main mise par l'État sur les biens d'un citoyen ou d'une classe de citoyens; elle ne fut jamais le châtiment d'un simple délit, et cependant, alors que la constitution répudiait la confiscation des biens, la loi consacrait, pour les infractions les moins graves, une pénalité particulière; non-seulement elle exigeait, au nom de la société, une réparation pécuniaire par l'amende, une réparation touchant la personne par l'emprisonnement, mais encore elle atteignait l'instrument qui avait servi à la perpétration de l'acte coupable; elle s'en emparait comme d'un gage de non-récidive dans l'avenir, et je ne sache pas qu'il soit jamais venu à l'esprit de personne de voir dans cette pénalité une violation du pacte constitutionnel. L'importance de la liberté de la presse, la faveur dont elle a toujours joui en raison même de son utilité, ont dû sans doute écarter dans sa dernière conséquence ce système qui commande d'enlever au coupable l'instrument de ses méfaits, mais cette faveur devait-elle aller jusqu'à dénier au législateur le droit de s'emparer momentanément d'une arme dont on a mal usé? C'est ce que l'on n'a jamais pensé et c'est ce que l'on ne pensera pas après une étude consciencieuse de la question.

J'arrive à la législation actuelle de la presse.

En commençant ce travail, je me proposais d'en présenter un examen détaillé, ce qui me paraissait d'autant plus nécessaire que son auteur l'a en quelque sorte donnée comme provisoire, en annonçant que la liberté couronnerait son œuvre. Mais, depuis, le *Moniteur* m'a éclairé, et je me bornerai à analyser simplement le décret des 17 et 23 février 1852 et la loi de sûreté générale du 27 février 1858.

La création de tout organe de publicité, tous les changements qui peuvent être opérés dans le personnel des

gérants responsables, des rédacteurs en chef, propriétaires ou administrateurs d'un journal, sont subordon-
nés à l'autorisation du gouvernement[1]. L'impôt du
timbre et le cautionnement sont maintenus[2]. La publication de fausses nouvelles, même faite de bonne foi, est
réprimée[3]. Il est interdit de rendre compte des débats
du Corps législatif autrement que par l'insertion des
procès-verbaux officiels rédigés par les secrétaires ; des
séances du Sénat[4], si ce n'est par la reproduction des
articles insérés au *Moniteur*[5]. Tout journal est tenu
d'insérer gratuitement, en tête de ses colonnes et dans
son plus prochain numéro, les documents officiels, relations authentiques, renseignements, réponses et rectifications qui lui sont adressés par un dépositaire de l'autorité publique[6]. Pour tous les délits de presse, la com
pétence des tribunaux correctionnels est admise, avec la

[1] Décret des 17 et 23 février 1852, art. 1er et 2.
[2] Décret des 17 et 23 février 1852, art. 3, 5 à 14.
[3] Décret des 17 et 23 février 1852, art. 15.
[4] Décret des 17 et 23 février 1852, art. 14 et 16.
[5] Décret des 17 et 23 février 1852, art. 17 et 18.
[6] Décret des 17 et 23 février 1852, art. 19.

chambre correctionnelle de la Cour d'appel comme deuxième degré de juridiction [1].

La suppression du journal a lieu de plein droit après une condamnation pour crime commis par la voie de la presse, ou après deux condamnations pour délits ou pour contraventions commis dans l'espace de deux années [2].

Après une condamnation prononcée pour contravention ou délit de presse contre le gérant responsable d'un journal, le gouvernement a la faculté, pendant les deux mois qui suivent cette condamnation, de prononcer soit la suspension temporaire, soit la suppression du journal. Un journal peut être suspendu par une décision ministérielle, alors même qu'il n'a été l'objet d'aucune condamnation, mais seulement après deux avertissements motivés et pendant un temps qui ne peut excéder deux mois.

Un journal peut être supprimé, soit après une suspension judiciaire ou administrative, soit par mesure de sûreté générale; mais dans ce cas un décret spécial du Président de la République, publié au Bulletin des lois,

---

[1] Décret des 17 et 23 février 1852, art. 25.

[2] Décret des 17 et 23 février 1852, art. 32.

est nécessaire. Toutes les dispositions des lois antérieures non contraires à celles du présent décret sont maintenues[1].

Enfin, la loi de sûreté générale du 27 février 1858 punit d'un emprisonnement de deux ans et d'une amende de 500 fr. à 10,000 fr. tout individu qui a provoqué publiquement d'une manière quelconque aux crimes suivants : attentat contre la vie ou la personne du souverain, offense commise publiquement envers sa personne, provocation à détruire ou à changer le gouvernement ou l'ordre de successibilité au trône, excitation des citoyens à prendre les armes contre l'autorité[2]. Subsidiairement, les individus condamnés aux termes de cette loi peuvent être internés en Algérie, dans un département français, ou même expulsés du territoire national par une décision rendue par le ministre de l'intérieur, sur l'avis du préfet, du général et du procureur impérial[3].

Un jugement célèbre a fait aux écrivains l'application de cette loi.

---

[1] Décret des 17 et 23 février 1852, art. 32.
[2] Loi du 27 février 1858, art. 1 à 3.
[3] Loi du 27 février 1858, art. 5 à 10.

J'ai dit quelle était la liberté de la presse, j'ai recher-
ché quelques-uns de ses effets, j'ai tenté d'exposer quel
était l'esprit de la législation à laquelle elle fut soumise à
travers les phases diverses de notre histoire contemporaine. La tâche que je m'étais donnée, je l'ai donc rem-
plie selon mes forces et sans parti pris. On me permettra
cependant une dernière considération.

Le grand mal de notre temps et de notre pays, c'est le
doute : le doute en matière religieuse et philosophique,
et par suite en matière politique. En énervant les consciences, il a produit une indifférence qui va jusqu'à l'a-
bandon; la notion du bien et du mal, en s'altérant dans
les âmes, a affaibli, a effacé celle du devoir et la
croyance à la responsabilité humaine. On s'est dépouillé
de tous les sentiments qui donnaient quelque peine à
porter. Toutes les grandes passions de l'âme font sourire
la triste sagesse d'aujourd'hui. Triste sagesse, en effet,
que cette prétention à s'anéantir soi-même. A force de
dire que la modération est la vertu suprême, on en est
venu à vivre par l'esprit et par l'âme aussi peu que possible, et comme la nature a ses droits, ce détachement de

tout ce qui est intellectuel et moral a tourné en une ar-
deur effrénée pour de misérables jouissances. Mais respect à ces jouissances! Non-seulement on ne croit plus,
on ne pense plus à rien, mais ceux-là qui osent croire
et penser à quelque chose, ce sont des importuns,
presque des ennemis publics qu'il faut chasser parce
qu'ils troublent cette douce quiétude dans laquelle on
semble résolu de languir et de s'éteindre. — Est-ce là
l'état normal des sociétés? Qui voudrait en convenir?

Eh bien! à ce mal, il n'y a qu'un remède : relever les
convictions. Il est des temps où les convictions s'imposent par la force, il en est d'autres où elles se forment
par l'examen; elles ne se forment jamais par le silence.
Quand elles se sont évanouies, ce n'est que par la libre
discussion qu'elles peuvent renaître, et la libre discussion, c'est la liberté de la presse.

FIN

APPENDICE

AVERTISSEMENTS
SUSPENSIONS ET SUPPRESSIONS

ENCOURUS PAR LA PRESSE QUOTIDIENNE OU PÉRIODIQUE

DEPUIS 1848 JUSQU'A NOS JOURS

Malgré nos efforts nous craignons de n'avoir pu réunir la liste complète de ces actes officiels.

SUSPENSIONS.

Arrêté du **27** *juin* 1848, *suspendant les journaux dont le titre suit :*

La *Liberté*,
La *Révolution*,
La *Vraie République*,
L'*Organisation du Travail*,
L'*Assemblée Nationale*,
Le *Napoléon Républicain*,
Le *Journal de la Canaille*,
Le *Lampion*,
Le *Père Duchêne*,
Le *Pilori*,
Et la *Presse*.

Le texte de cet arrêté ne se trouve nulle part. Sa date, ainsi que son existence, résulte de l'arrêté du 6 août rapporté ci-après.

Arrêté du 6 août 1848, portant levée de la suspension prononcée contre plusieurs journaux.

Art. 1er. Est levée, à compter de ce jour, la suspension prononcée par l'arrêté du 27 juin 1848 contre les journaux :

La *Révolution*,
La *Vraie République*,
L'*Organisation du Travail*,
La *Presse*,
L'*Assemblée Nationale*,
Le *Napoléon Républicain*,
Le *Journal de la Canaille*,
Le *Père Duchêne*,
Le *Pilori*,
La *Liberté*,
Et le *Lampion*.

Art. 2. Les scellés apposés, en exécution de l'arrêté du 27 juin 1848, sur les presses servant à imprimer les journaux susdésignés seront levés par les fonctionnaires qui ont procédé à leur apposition.

La prohibition d'imprimer lesdits journaux et tous engagements pris par les imprimeurs, relativement à cette prohibition, sont considérés pour l'avenir comme non avenus.

Art. 3. Le préfet de police est chargé de l'exécution du présent arrêté.

SUSPENSIONS.

Arrêté du 21 août 1848 suspendant plusieurs journaux.

Le Président du conseil, chargé du pouvoir exécutif,

Vu le décret de l'Assemblée nationale en date du 24 juin 1848 et ainsi conçu :

« Art. 2. Paris est mis en état de siége.

» Art. 3. Tous les pouvoirs exécutifs sont délégués au général Cavaignac; »

Vu le décret du 28 juin ainsi conçu :

« L'Assemblée nationale confère le pouvoir exécutif au général Cavaignac, qui prendra le titre de Président du conseil des ministres; »

Vu les journaux.

Le *Représentant du Peuple,*

Le *Père Duchêne,*

Le *Lampion,*

La *Vraie République,* actuellement imprimés et publiés à Paris;

Le conseil des ministres entendu;

Considérant que ces journaux, par les doctrines qu'ils professent contre l'État, la famille et la propriété, par les excitations violentes qu'ils fomentent contre la société, les pouvoirs publics émanés de la souveraineté du peuple, contre l'armée, la garde nationale et même contre les personnes privées, sont de nature, s'ils étaient tolérés davantage, à faire renaître, au sein de la cité, l'agitation, le désordre et la guerre ;

Considérant que ces publications, répandues avec profusion et souvent gratuitement dans les rues, sur les places, dans les ateliers et dans l'armée, sont des instruments de guerre civile et non des instruments de liberté,

Arrête :

Art. 1er. A dater de ce jour, les journaux : le *Représentant du Peuple*, le *Père Duchêne*, le *Lampion*, la *Vraie République*, sont et demeurent suspendus.

Art. 2. Défense est faite à tous gérants, imprimeurs ou éditeurs de ces journaux, de les imprimer, éditer ou publier jusqu'à ce qu'il en soit autrement ordonné.

En cas de contravention aux présentes, le journal publié sera immédiatement saisi, les presses seront mises sous scellés et les contrevenants seront poursuivis et punis conformément aux lois.

Art. 3. Le présent arrêté sera notifié aux gérants, rédacteurs, imprimeurs, éditeurs, publicateurs desdits journaux, à la diligence de M. le préfet de police, chargé d'en assurer l'exécution.

Art. 4. Ledit arrêté sera publié et affiché.

GAZETTE DE FRANCE.

Arrêté du 24 août 1848, qui suspend la
Gazette de France.

Le Président du conseil, chargé du pouvoir exécutif,

Vu le décret de l'Assemblée en date du 4 juin 1848 et ainsi conçu :

« Art. 2. Paris est mis en état de siége.

» Art. 3. Tous les pouvoirs exécutifs sont délégués au général Cavaignac ; »

Vu le décret du 28 juin, ainsi conçu :

« L'Assemblée nationale confère le pouvoir exécutif au général Cavaignac, qui prendra le titre de président du conseil des ministres ; »

Vu le journal la *Gazette de France,* actuellement imprimé et publié à Paris ;

Le conseil des ministres entendu ;

Considérant que ce journal contient des attaques incessantes contre la république et des excitations tendant à détruire cette forme de gouvernement pour y substituer la forme monarchique ;

Considérant que ces attaques et ces excitations sont de nature, dans les circonstances actuelles, à armer les citoyens les uns contre les autres et à soulever ainsi la guerre civile à Paris et dans les départements,

Arrête:

Art. 1er. A dater de ce jour, le journal la *Gazette de France* est et demeure suspendu.

Art. 2. Défense est faite à tout gérant, imprimeur ou éditeur de ce journal, de l'imprimer, éditer ou publier jusqu'à ce qu'il en soit autrement ordonné.

En cas de contravention aux présentes, le journal sera immédiatement saisi, les presses seront mises sous les scellés, les contrevenants seront poursuivis et punis conformément aux lois.

Art. 3. Le présent arrêté sera notifié aux gérant, rédacteur, imprimeur, éditeur, publicateur dudit journal, à la diligence de M. le préfet de police, chargé d'en assurer l'exécution.

Art. 4. Ledit arrêté sera publié et affiché.

1849

Décret du 13 juin 1849, qui suspend plusieurs journaux.

Ce décret n'est pas au Bulletin des lois.

Voyez la *Gazette des Tribunaux* du 16 juin, qui l'annonce sans en donner la date, ni le texte officiel, non plus que la désignation des feuilles suspendues.

1852

JOURNAL DE LA MEUSE.

Bar-le-Duc, 22 février 1852.

Le *Journal de la Meuse*, qui se publiait à Bar-le-Duc, a été suspendu par arrêté préfectoral du 22 février 1852.

L'INDEPENDANT DE L'OUEST.

Laval, 28 mars 1852.

Nous, préfet de la Mayenne,

Vu le décret organique sur la presse en date du 17 février 1852, notamment le troisième paragraphe de l'article 32 dudit décret;

Vu le premier article, sous la rubrique *Laval*, et signé Charles Müller, du n° 941 du journal l'*Indépendant de l'Ouest*, daté du 28 mars, présent jour;

Considérant que l'ensemble de cet article susvisé du journal l'*Indépendant de l'Ouest* a pour but, et aurait pour résultat, s'il devait exercer de l'influence sur l'esprit de ses lecteurs, de les porter à regretter un gouvernement qui n'est plus et d'exciter à la désaffection de celui que la France s'est donné;

Qu'en particulier le dernier paragraphe dudit article, en déclarant que la liberté reprendra son empire, mais seulement à la condition de s'appuyer sur le droit et la justice, exprime par là la pensée que le droit et la justice n'existent pas aujourd'hui,

Invitons, à titre de premier avertissement, conformément au troisième paragraphe de l'art. 32 de la loi du 17 février 1852, le sieur Lemoine, gérant du journal l'*In-*

dépendant de l'Ouest, à se renfermer à l'avenir dans les limites de discussion autorisées par les lois sur la presse.

Fait à Laval, à l'hôtel de la préfecture, le dimanche 28 mars 1852.

Le préfet de la Mayenne,

N. DE LUÇAY.

LE RÉFORMISTE.

Douai, 2, 5 et 7 avril 1852.

Lille, 10 avril 1852.

Monsieur le gérant,

Les numéros de votre journal des 2, 5 et 7 avril contiennent une critique acerbe et violente du décret du 29 mars 1852 sur les sucres. Ces articles n'ont pas pour but l'examen sincère de ce décret pour en faire ressortir les inconvénients et les avantages au point de vue de l'industrie ; ils sont inspirés par un esprit dont la malveillance calculée excite les citoyens à la désaffection du Prince-Président de la République, en lui attribuant des idées hostiles aux intérêts de l'agriculture et de l'industrie sucrière, qu'il a toujours si ouvertement couvertes de sa sollicitude et de sa protection.

Le devoir de l'administration est de protéger la presse contre ses propres excès, et je ne laisserai point votre journal s'engager dans une voie de nature.à égarer l'opinion publique.

Conformément à l'article 32 de la loi organique sur la presse, je vous donne un premier avertissement.

Agréez, monsieur le gérant, l'assurance de ma considération distinguée.

Le préfet du Nord,

BESSON.

LA PRESSE.

Paris, 9 avril 1852.

Le ministre de la police générale, vu l'article 32, paragraphe 3, du décret organique de la presse, en date du 17 février 1852;

Vu l'article publié par le journal la *Presse* le 9 avril, dans lequel on trouve le passage suivant : « Il se-
» rait (l'Empire) la provocation directe à un atten-
» tat qui vraisemblablement ne se ferait pas attendre ;
» car si dans le parti républicain il ne se trouvait pas
» d'Alibaud, il se trouverait un Mérino dans le parti
» royaliste... »

Ledit article signé Émile de Girardin ;

Considérant qu'il ne saurait être permis, sans outrager à la fois la morale publique et le caractère de la nation, de proclamer comme un fait inévitable un attentat sur la personne du chef de l'État, quels que soient d'ailleurs les prétextes ou les circonstances hypothétiques sur lesquels on appuie une argumentation si coupable ;

Considérant que le journal la *Presse* a oublié ainsi que la modération et la prudence sont la première loi de la presse périodique,

Arrête :

Art. 1er. Aux termes de l'article 32 du décret du 17 février 1852, un premier avertissement est donné au journal la *Presse*, dans la personne de MM. Rouy, l'un des gérants, et Émile de Girardin, rédacteur.

Art. 2. M. le préfet de police de Paris est chargé de l'exécution du présent arrêté.

Fait à Paris, le 9 avril 1852.

Le ministre de la police générale,

DE MAUPAS.

LE SPECTATEUR.

Dijon, 17 avril 1852.

Nous, préfet de la Côte-d'Or,

Vu l'art. 32, § 3, du décret organique sur la presse en date du 17 février 1852 ;

Vu l'article publié par le journal le *Spectateur*, de Dijon, du 15 de ce mois, commençant par ces mots : « On ne ferme pas non plus la révolution par la force ou bien par l'Empire, » et terminé par ceux-ci : « Il n'a été que son héros, son missionnaire ; ».

Considérant que cet article outrage la vérité autant que le héros législateur auquel la France reconnaissante a dû son salut, le rétablissement de la religion, sa législation et son organisation modèle ;

Considérant qu'il ne peut pas être permis de tenter de flétrir une mémoire chère à un grand peuple, ainsi que l'ont prouvé deux acclamations immenses, sans blesser profondément le sentiment national, et que, dans cette circonstance, le *Spectateur* a publié un libelle diffamatoire au lieu de s'élever à la hauteur de la mission du publiciste et de l'historien,

Arrêtons :

Art. 1er. Aux termes de l'art. 32 du décret du 17 février 1852, un premier avertissement est donné au journal le *Spectateur*, dans la personne du sieur F. Darcier, son gérant.

Art. 2. M. le commissaire central de police est chargé de l'exécution du présent arrêté.

Fait à Dijon, le 17 avril 1852.

Le préfet de la Côte-d'Or,

Baron DE BRY.

L'AMI DE L'ORDRE.

Amiens, 20 avril 1852.

Nous, préfet de la Somme,

Vu les passages suivants insérés dans les nᵒˢ 1064 et 1066 du journal l'*Ami de l'Ordre :*

1064. « Il suffit de suivre attentivement l'histoire de la souveraineté du peuple, et, si l'on peut s'exprimer ainsi, de serrer de près les faits, pour comprendre, par les seuls résultats, que cette doctrine est surtout une doctrine de despotisme. Que ce despotisme vienne d'en haut ou d'en bas, peu importe, il se résume en une tension extrême dans les ressorts du pouvoir dont l'origine est la théorie de cette souveraineté de tous, exercée par quelques hommes ou par un seul.

» Il est facile de comprendre qu'il ne saurait y avoir de despotisme aussi violent que celui-là, car il s'exerce au nom de tout le monde, avec la sanction implicite de la volonté générale. »

1066. « Pour les esprits les moins pratiques, les moins propres au gouvernement des sociétés humaines, c'est une grande chose que le pouvoir. Il faut une raison pour le prendre et un titre pour le garder. Quel sera ce titre ? Nous l'avons déjà dit : quand on n'a pas la qualité, la tradition, on a recours à la *quantité*, à la souveraineté du peuple. Or, nous l'avons dit aussi, il a été dans la destinée de cette théorie d'être toujours invoquée et jamais reconnue, tandis que la tradition n'est pas seulement un principe, mais un fait; »

Considérant que le journal l'*Ami de l'Ordre*, dans une série d'articles intitulés : *Histoire du suffrage universel*, s'attache avec une regrettable partialité à représenter la souveraineté nationale en France comme aboutissant fatalement, soit à l'anarchie, soit au despotisme, qui sont des faits accidentels inhérents à la fragilité des hommes bien plus qu'au vice des institutions ;

Considérant qu'en contestant au principe du même droit *antique* de la souveraineté nationale, la *tradition* qu'il appelle la *qualité*, l'auteur des articles cités plus haut altère sciemment, au profit d'un intérêt de parti, la vérité historique consacrée par les annales des peuples en général et du peuple français en particulier ;

Considérant que risquer une telle allégation, c'est insinuer l'injure sur son propre pays, qui, dans des phases mémorables de ses malheurs ou de sa gloire a donné plus d'une fois par la *quantité*, c'est-à-dire par le suffrage universel, cette haute *qualité* que pouvait seul conférer un grand peuple aux hommes illustres spontanément choisis pour présider à ses destinées ;

Considérant que les passages imprimés dans l'*Ami de l'Ordre* sont de nature à égarer l'opinion des lecteurs sur la légitimité du droit imprescriptible de la souveraineté nationale, dont la France a fait tout récemment encore un si libre et si salutaire usage,

Arrête :

Art. 1er. Aux termes de l'art. 32 du décret du 17 février 1852, un premier avertissement est donné au journal l'*Ami de l'Ordre*, dans la personne de M. E. Yvert, son gérant, et de M. Francis Nettement, l'un des rédacteurs.

Art. 2. Le présent arrêté sera, en vertu de l'art. 19 du décret précité, inséré dans le plus prochain numéro, en tête du journal l'*Ami de l'Ordre*.

Art. 3. M. le commissaire de police Guénin est chargé de l'exécution et de la notification du présent arrêté.

Fait à Amiens, le 20 avril 1852.

Le préfet de la Somme,

L. DE TANLAY.

LE GUETTEUR,

Saint-Quentin, 22 avril 1852.

Nous, préfet de l'Aisne,

Vu l'article inséré dans le journal le *Guetteur*, publié à Saint-Quentin, le 22 avril courant, commençant par ces mots :

« Le *Charivari* fait ainsi parler le journal de M. Guizot, l'*Assemblée nationale* : « Dieu merci, nos réclamations ont été entendues, » et finissant par ceux-ci : « proposera prochainement de rétablir la question ordinaire et extraordinaire à l'usage des prévenus politiques et de leur famille ; »

Considérant que la publication mensongère qui est reproduite ne tend à rien moins, en calomniant une classe de citoyens, qu'à exciter les plus mauvaises passions ;

Considérant que la publication de fausses nouvelles ou de semblables articles peut présenter de graves dangers,

Avons arrêté et arrêtons ce qui suit :

Art. 1er. Aux termes de l'art. 32 du décret sur la presse, en date du 17 février 1852, un premier avertissement est donné au journal le *Guetteur*, dans la personne de M. Ch. Thiroux, l'un de ses gérants, et de M. C. Souplet, son rédacteur en chef.

Art. 2. Cet avertissement sera inséré en tête du plus prochain numéro du journal le *Guetteur*.

Art. 3. M. le sous-préfet de Saint-Quentin est chargé d'assurer l'exécution du présent arrêté.

Fait à Laon, lesdits jour et an.

Le préfet de l'Aisne,

Vicomte DE BEAUMONT-VASSY.

PETIT COURRIER DE LA BRETAGNE.

Rennes, 30 avril 1852.

Nous, préfet d'Ille-et-Vilaine, officier de la Légion d'honneur, vu la loi sur la presse en date du 17 octobre 1851 ;

Vu la circulaire ministérielle du 30 mars 1852 ;

Vu un petit article du journal le *Petit Courrier de Bretagne*, du 30 avril, commençant par ces mots : « Il en est de même pour l'Empire comme des joûtes de coqs, » et finissant par ceux-ci : « Ça se pourrait bien ; »

Vu un deuxième article du même journal, commençant par ces mots : « Quelques journaux s'occupent des cris proférés, » et finissant par ceux-ci : « C'est exécuté comme un commandement de marche ; »

10

Considérant qu'en cherchant à mettre en suspicion la loyauté du gouvernement et en voulant ridiculiser à l'avance la solennité du 10 mai, l'intention du rédacteur a été d'éloigner la confiance générale et d'invalider l'effet d'une grande manifestation politique ;

Considérant que l'insinuation malveillante contenue dans le deuxième article est de nature à nuire à la considération des pouvoirs publics et de l'armée,

Arrêtons :

Art. 1er. Aux termes de l'art. 32 , § 3 , de la loi susvisée, un premier avertissement est donné au journal le *Petit Courrier de la Bretagne*, dans la personne de M. Lescoët, son gérant, et de M. Ch. de la Villebrune, son rédacteur en chef.

Art. 2. Cet avertissement sera inséré en tête du plus prochain numéro du journal qui en est l'objet.

Art. 3. Le commissaire central est chargé de l'exécution et de la notification du présent arrêté.

Fait à Rennes, le 30 avril 1852.

Le préfet d'Ille-et-Vilaine,

MORISOT.

LA GAZETTE DU MIDI.

3-4 mai 1852.

Nous, préfet des Bouches-du-Rhône, commandeur de la Légion d'honneur,

Vu les articles publiés dans le journal la *Gazette du Midi*, notamment celui inséré au numéro des 3 et 4 mai courant, à l'occasion du conflit que soulève, près le Conseil d'État, l'affaire concernant les biens de la famille d'Orléans, contenant ces mots :

« Tout doit être fini de ce côté, prévenances politiques aussi bien qu'assistance judiciaire ; une force irrésistible, qui a toute la puissance des arrêts du destin, met un terme à ce dernier épisode des essais de rapprochement. Il n'y a plus désormais qu'à laisser l'opinion publique se recueillir en silence, comme germent sous terre les semences d'une moisson encore inconnue ; »

Vu encore l'article inséré dans ce journal au numéro de ce jour, 10 et 11 mai, reproduisant la phrase suivante :

« Faites bien comprendre aux populations que si le Prince-Président a déclaré qu'il ne reconnaissait qu'un souverain en France, le peuple, le peuple, lui, ne doit pas oublier qu'il n'existe pour la France qu'un seul chef légitime, le prince Louis-Napoléon : »

Et dans lequel imprimant en lettres italiques, avec

affectation, les mots *peuple* et *légitime,* elle manifeste l'intention évidente de tourner en dérision l'application de ces deux mots ;

Vu l'article 32 du décret du 17 février 1852 ;

Considérant que, sans tenir compte des observations qui lui ont été faites récemment, le rédacteur gérant du journal la *Gazette du Midi* et ses collaborateurs poursuivent un système d'excitation réelle contre le chef de l'État et son gouvernement ;

Que tous les moyens propres à entretenir l'irritation dans les esprits, à exciter les passions des partis politiques, à présenter sous un aspect alarmant les faits qui se sont accomplis pour le bonheur de la France, sont employés par ce journal ;

Que des insinuations perfides, des allusions envenimées sont continuellement mises en usage par ce journal, qui compromet sciemment la tranquillité publique dans l'intérêt de ses désirs et de ses regrets aussi imprudents qu'insensés ;

Que la loi indique à l'administration les moyens de prévenir les effets d'une pareille œuvre de malveillance ;

Sur la proposition de M. l'inspecteur général de police du 5ᵉ arrondissement,

Arrêtons :

Art. 1ᵉʳ. Le rédacteur gérant de la *Gazette du Midi* est invité à se renfermer dans les formes d'une discussion loyale et modérée.

Cet avis lui est donné à titre de premier avertissement, suivant les dispositions du décret précité.

Art. 2. Le commissaire central de police est chargé de l'exécution du présent arrêté, qui sera inséré en tête du plus prochain numéro dudit journal, par application de l'article 19 du décret du 17 février 1852.

Une ampliation du présent arrêté sera adressée à M. l'inspecteur général de police du 5ᵉ arrondissement.

Marseille, le 11 mai 1852.

Pour le préfet des Bouches-du-Rhône en congé :

Le conseiller de préfecture, secrétaire général, délégué,

FOURNIER.

LE PUBLIC.

5 mai 1852.

Nous, ministre de la police générale,

Vu l'article 42 de la Constitution, portant :

« Le compte rendu des séances du Corps législatif par les journaux ou tout autre moyen de publication ne consistera que dans la reproduction du procès-verbal dressé à l'issue de chaque séance par les soins du président du Corps législatif; »

Vu l'article 32, § 3, du décret organique sur la presse, en date du 17 février 1852 ;

Considérant que dans son numéro du 5 mai, présent mois, le *Public* a reproduit d'une manière incomplète le procès-verbal de la séance du Corps législatif du lundi 3 mai 1852,

Arrête :

Art. 1er. Aux termes de l'art. 32 du décret du 19 février 1852, un premier avertissement est donné au journal le *Public*, dans la personne de M. A. Lamartinière, propriétaire gérant.

Art. 2. M. le préfet de police est chargé de l'exécution du présent arrêté.

Fait à Paris, le 6 mai 1852.

Le ministre de la police générale,

DE MAUPAS.

LE PAYS.

5-6 mai 1852.

Nous, ministre de la police générale,

Vu l'article 42 de la Constitution, portant :

« Le compte rendu des séances du Corps législatif par

les journaux ou par tout autre moyen de publication ne consistera que dans la reproduction du procès-verbal dressé à l'issue de chaque séance par les soins du président du Corps législatif; »

Vu l'article 32, § 3, du décret organique sur la presse, en date du 17 février 1852;

Considérant que dans les numéros des 5 et 6 mai, présent mois, le journal le *Pays* a publié, sous le titre de : *Discussion sur la loi de la réhabilitation,* première et deuxième séances, deux appréciations en contradiction complète avec le texte de l'article 42 de la Constitution précitée;

Lesdites appréciations signées : le secrétaire de la rédaction, J. Augier,

Arrête :

Art. 1er. Aux termes de l'art. 32 du décret du 17 février 1852, un premier avertissement est donné au journal le *Pays*, dans la personne de M. J. Baraton, l'un des propriétaires gérants, et de M. J. Augier, secrétaire de la rédaction.

Art. 2. M. le préfet de police est chargé de l'exécution du présent arrêté.

Fait à Paris, le 11 mai 1852.

Le ministre de la police générale,

DE MAUPAS.

GAZETTE DU BAS-LANGUEDOC.

Nîmes, 7 mai 1852.

Nous, préfet du Gard, chevalier de la Légion d'honneur,

Vu l'article 32, § 3, du décret organique sur la presse, en date du 17 février 1852;

Vu l'article publié dans le journal la *Gazette du Bas-Languedoc*, dans son numéro de vendredi 7 mai, commençant par ces mots :

« Il vient de se passer dans un coin du département du Gard..... » et finissant par ceux-ci : « et de faire cesser un état anormal, » et notamment le paragraphe 5 dudit article, ainsi conçu : « Par cette révocation, tout le parti de l'ordre dans le Gard, dans lequel M. Pepin-Barbut compte de profondes sympathies, s'est senti frappé; et ce qui prouverait que la mesure dont il a été l'objet n'est pas purement personnelle, c'est que son successeur a été choisi non-seulement en dehors du conseil municipal, mais encore de la majorité de la population. » Ledit article signé : Le secrétaire de la rédaction, A. Mouret;

Considérant que l'article précité, en incriminant un acte de l'autorité et l'intention qui y a présidé, tend à exciter la désaffection des populations envers le gouvernement, et qu'il tend d'ailleurs à semer la division et la discorde ;

Considérant que le journal la *Gazette du Bas-Langue-doc* a excédé son droit d'apprécier les actes de l'admi-nistration,

Arrêtons :

Art. 1er. Aux termes de l'article 32 du décret du 17 fé-vrier 1852, un premier avertissement est donné au jour-nal la *Gazette du Languedoc*, dans la personne du sieur Soustelle-Gaude, propriétaire gérant, et du sieur A. Mou-ret, rédacteur.

Art. 2. Le commissaire central de police est chargé de l'exécution du présent arrêté.

Le préfet du Gard,

BOURDON.

CONCILIATEUR DE L'INDRE.

Châteauroux, 12 mai 1852.

Nous, préfet de l'Indre,

Vu le numéro du mercredi 12 mai du journal le *Con-ciliateur de l'Indre*, dans l'article intitulé : *De la Propa-gande*, § 133 et 135 ;

Vu le numéro du mercredi 19 du même mois, dans

l'article commençant par ces mots : « La bonne et intelligente correspondance..... ; »

Considérant que, dans le premier de ces articles, le rédacteur s'efforce d'incriminer l'acte nécessaire du 2 décembre, et qu'il qualifie la législation actuelle sur la presse d'atteinte formelle aux principes les plus *élémentaires du droit public et de la liberté :*

Considérant que, dans le second, il conseille de protester contre le gouvernement consacré le 20 décembre par plus de sept millions de suffrages;

Considérant que, par une telle polémique, le journal le *Conciliateur* s'est gravement écarté de la modération et de la prudence qui sont les premières conditions de la presse périodique;

Vu l'article 32, § 3, de la loi du 17 février dernier,

Arrêtons :

Art. 1er. Un premier avertissement est donné au journal le *Conciliateur*, dans la personne des sieurs Poirier, son gérant, et Ponroy, son rédacteur en chef.

Art. 2. Le présent arrêté sera, aux termes de l'art. 19 du décret précité, inséré dans le plus prochain numéro, en tête du journal le *Conciliateur.*

Art. 3. Le commissaire de police de la ville de Châteauroux est chargé de la notification du présent arrêté.

Fait à Châteauroux, le 21 mai 1852.

Le préfet de l'Indre,

Léon Berger.

GAZETTE DU LANGUEDOC.

Toulouse, 13 mai 1852.

Nous, préfet de la Haute-Garonne,

Vu l'article 14 de la Constitution, portant :

« Les ministres, les membres du Sénat, du Corps législatif et du Conseil d'État, les officiers de terre et de mer, les magistrats et les fonctionnaires publics prêtent le serment ainsi conçu :

» Je jure obéissance à la Constitution et fidélité au Président ; »

Vu l'article 32, § 3, du décret organique sur la presse, en date du 17 février 1852 ;

Vu la lettre en date du 11 mai 1852, signée marquis d'Ayguevives, conseiller général, insérée dans le numéro de la *Gazette du Languedoc* du 13 mai 1852 ;

Considérant qu'il ne saurait être permis d'accuser publiquement le gouvernement de manquer de dignité et de convenance, surtout lorsqu'il agit en vertu de la Constitution, et qu'il exécute l'une de ses dispositions principales ;

Considérant qu'à la suite de nos longues discordes civiles, il importe, dans l'intérêt de la paix publique, de maintenir intact le respect dû à la loi fondamentale écrite et promulguée par le Prince-Président en vertu des pouvoirs souverains émanés du peuple;

Considérant que la lettre de M. d'Ayguevives porte une atteinte grave à l'autorité des pouvoirs institués par cette Constitution et à l'importance du serment politique qu'elle prescrit;

Considérant que la publicité donnée à cette lettre est le fait du gérant de la *Gazette du Languedoc*,

Arrêtons :

Art. 1er. Aux termes de l'art. 32 du décret du 17 février 1852, un premier avertissement est donné aujourd'hui à la *Gazette du Languedoc* dans la personne de M. Leroi, l'un des gérants responsables.

Art. 2. M. le commissaire central de police est chargé de l'exécution du présent arrêté.

Toulouse, le 13 mai 1852.

Le préfet de la Haute-Garonne,
CHAPUYS-MONTLAVILLE.

PROGRÈS DU PAS-DE-CALAIS.

Arras, 14 mai 1852.

Nous, préfet du Pas-de-Calais,

Vu l'article inséré dans le journal le *Progrès du Pas-*

de-Calais, numéro du 14 mai 1852, et intitulé : *Cause du départ de M. Combe-Sieyes ;*

Vu l'art. 32 du décret du 17 février 1852, sur la presse ;

Attendu que l'article du journal le *Progrès* ci-dessus visé est une discussion et une appréciation malveillante des actes administratifs ; qu'il est de nature à porter atteinte à la considération de l'autorité et à tromper l'opinion publique,

Donne un premier avertissement ; requiert l'insertion immédiate du présent arrêté dans le numéro de ce jour, conformément à l'article 19 du décret précité.

Arras, le 14 mai 1852.

Le conseiller de préfecture, secrétaire général, préfet par intérim,

CHARVET.

PROGRÈS DU PAS-DE-CALAIS.

Arras, 16 mai 1852.

Nous, préfet du Pas-de-Calais,

Vu l'art. 32 du décret du 17 février 1852 ;

Vu l'article du journal le *Progrès* (numéro du 16 mai), intitulé : *Premier avertissement ;*

Vu l'article du même journal (numéro du 18 mai) contenant des réflexions au sujet de cet avertissement ;

Vu un troisième article dudit journal (numéro du 16 mai) intitulé : *Lettre du comte de Chambord aux légitimistes ;*

Considérant que le directeur gérant du *Progrès*, au lieu de se borner à insérer l'avertissement qui lui a été donné le 14 mai 1852, par l'autorité préfectorale, a accompagné cet avertissement de réflexions, contrairement au vœu de la loi ;

Que ces réflexions contiennent une personnalité qui a pour but d'isoler complétement de l'administration M. le conseiller de préfecture, secrétaire général, investi des fonctions de préfet par intérim ;

Qu'elles renferment contre l'autorité départementale une menace d'appel devant une puissance désignée sous le titre vague d'*autorité supérieure* et qui ne peut être que la personne même du chef de l'État, qu'un sentiment de respect et de haute convenance devait empêcher de mettre en cause ;

Qu'elles ont pour but de persuader aux populations qu'un désaccord inexplicable pourrait exister entre le chef de l'État et le représentant de son autorité dans le département, en ce sens que le préfet poursuivrait un journal que le Prince-Président défendrait dans la personne de son rédacteur ;

Que, dans son numéro du 18 mai, le *Progrès* revient

sur le même sujet, en qualifiant « d'article plein de convenance et de la plus scrupuleuse vérité quant aux faits, » l'article même qui lui a valu de la part de l'autorité un premier avertissement ;

Que ces nouvelles réflexions témoignent, de la part du journaliste, son obstination dans le mépris de l'autorité ;

Qu'en publiant, dans son numéro du 16 mai, une lettre qui a été saisie à son entrée en France, le journal le *Progrès* tend à affaiblir le pouvoir et à jeter l'inquiétude parmi les populations,

Arrêtons :

Art. 1er. Le directeur gérant du journal le *Progrès* est invité à s'abstenir de toutes publications, discussions ou réflexions de nature à porter atteinte à l'autorité.

Art. 2. Cet avis est donné à titre de second avertissement. Il sera inséré en tête du prochain numéro du journal, conformément à l'art. 19 du décret ci-dessus visé et en caractères au moins aussi apparents que ceux de l'article : *France. — Bulletin du jour*, du numéro du 16 mai.

Fait à Arras, en l'hôtel de la préfecture, le 19 mai 1852.

Le préfet du Pas-de-Calais,

Comte Victor DU HAMEL.

GAZETTE DU LANGUEDOC.

Toulouse, 16 mai 1852.

Nous, préfet de la Haute-Garonne,

Vu l'art. 32, § 3, du décret organique sur la presse en date du 17 février 1852 ;

Vu l'article publié dans le numéro de la *Gazette du Languedoc*, en date du 16 mai, signé C. de Beauregard, commençant par ces mots : « Nos politiques superstitieux, » et finissant par ceux-ci : « Mais ce terrain leur est parfaitement interdit ; »

Considérant que cet article, dans l'ensemble de sa rédaction, contient des insinuations malveillantes et irrévérencieuses contre le gouvernement et le Gorps législatif ; qu'il est de nature à faire naître des inquiétudes qui auraient nécessairement pour effet de ralentir le mouvement des affaires et de nuire ainsi à la prospérité générale ;

Considérant qu'il importe de maintenir intact le respect dû aux grands pouvoirs de l'État et d'empêcher tout ce qui pourrait porter atteinte au rétablissement de l'ordre et de la paix dans les esprits,

Arrêtons :

Art. 1er. Aux termes de l'art. 32 du décret susvisé du

17 février 1852, un second avertissement est donné au journal la *Gazette du Languedoc*, dans la personne du sieur Leroy, l'un de ses gérants.

Art. 2. Le commissaire central de police est chargé de l'exécution du présent arrêté.

Toulouse, le 16 mai 1852.

Le préfet de la Haute-Garonne,

CHAPUIS-MONTLAVILLE.

COURRIER DU PAS-DE-CALAIS.

Arras, 18 mai 1852.

Nous, préfet du Pas-de-Calais,

Vu l'art. 32 du décret du 17 février 1852;

Vu le numéro du journal le *Courrier du Pas-de-Calais*, en date du 18 mai, contenant une lettre du comte de Chambord aux légitimistes;

Considérant que la publication de la lettre précitée, qui a été saisie à son entrée en France, ne peut avoir pour résultat que d'affaiblir le pouvoir et de jeter l'inquiétude parmi les populations,

Donnons un avertissement au propriétaire gérant du

journal le *Courrier*, conformément aux dispositions de la loi ci-dessus visée.

Fait à Arras, en l'hôtel de la préfecture, le 19 mai 1852.

Le préfet du Pas-de-Calais,

Comte Victor DU HAMEL.

JOURNAL DE LA NIÈVRE.

Nevers, 24 mai 1852.

Nous, préfet de la Nièvre, officier de la Légion d'honneur,

Vu l'art. 32 du décret organique sur la presse du 17 février 1852 ;

Vu l'article du *Journal de la Nièvre*, publié dans le numéro du 24 mai 1852, sous le titre de *Revue de la semaine*, et signé Fay ;

Attendu que cet article tend à dénaturer les actes du Gouvernement,

Arrêtons :

Art. 1er. Un premier avertissement est donné au *Journal de la Nièvre*, dans la personne du sieur Fay, rédacteur et gérant de cette feuille.

Art. 2. Le commissaire départemental est chargé de l'exécution du présent arrêté.

Fait à Nevers, le 29 mai 1852.

Pour le préfet de la Nièvre en tournée,

Le conseiller de préfecture délégué,

L. Du Broc.

VOEU NATIONAL, JOURNAL DES ALPES.

Grenoble, 25 mai 1852.

Nous, préfet de l'Isère,

Vu l'art. 32 du décret du 17 février 1852;

Vu le numéro du journal le *Vœu national, journal des Alpes*, en date du 25 mars 1852, contenant un article intitulé : *le Serment ;*

Attendu que cet article contient une provocation directe au refus du serment prescrit par l'art. 14 de la Constitution;

Attendu que certains passages renferment des injures violentes contre les fonctionnaires de tous ordres qui ont donné leur assentiment au chef de l'État, et des encouragements perfides à ceux qui seraient tentés de le lui refuser;

Attendu aussi que, sous le gouvernement du prince Louis-Napoléon, proclamé par huit millions de suffrages, il ne peut plus être permis à un journaliste, de quelque manteau qu'il se couvre, d'appeler la haine et le mépris sur une classe de citoyens, et de provoquer des divisions que la France a voulu faire cesser par son vote des 20 et 22 décembre,

Donnons un premier avertissement au propriétaire gérant du journal le *Vœu national*, conformément aux dispositi ons du décret ci-dessus visé.

Fait à Grenoble, à l'hôtel de la préfecture, le 27 mai 1852.

Le préfet de l'Isère,

J. Bérard.

L'AUBE.

Troyes, 25-26 mai 1852.

Nous, préfet de l'Aube,

Vu l'art. 32 du décret du 17 février 1852 sur la presse ;

Vu l'article du journal l'*Aube* (numéros des 25 et 26 mai), signé H. Ferrier, commençant par ces mots : « Encore un mois, et le Corps législatif, » et se terminant par ceux-ci : « En tout cas, il n'y a point péril en la demeure, comme disent les praticiens ; »

Et notamment le dernier paragraphe ainsi conçu : « Quoi qu'il en soit, le point de départ du Corps législatif est la Constitution du 14 janvier : c'est son critérium et son guide; c'est la règle dont il ne lui est pas permis de s'écarter. Or, d'après la Constitution, il faut que le budget soit voté le 29 du mois prochain, *sinon on se passera du consentement du Corps législatif.*

» On dit cependant que dans les cinq semaines qui restent le gouvernement serait bien aise de voir discuter et voter la loi municipale et la nouvelle loi sur l'enseignement. Quant à ce dernier projet, M. de Montalembert est d'avis qu'il faut le renvoyer à l'année prochaine, et que d'ici au 29 juin il est impossible de le discuter utilement. *Quelqu'un de plus puissant est d'un avis contraire.* Nous sommes là pour voir la fin de ce débat. En tout cas, il n'y a point péril en la demeure, comme disent les praticiens ; »

Considérant que déclarer que l'on se passera du consentement du Corps législatif, c'est non-seulement porter atteinte à la dignité de l'un de ces grands pouvoirs publics établis en vertu de la Constitution et au respect qui lui est dû, mais que c'est encore faire remonter jusqu'au gouvernement du Prince-Président une accusation dont le principe serait la substitution volontaire d'un pouvoir à un autre, et la conséquence, la désaffection des populations au prince Louis-Napoléon ;

Considérant en outre que ces mots : « Quant à ce

11*

dernier projet, M. de Montalembert est d'avis de le renvoyer à l'année prochaine, etc., etc..., quelqu'un de plus
puissant est d'un avis contraire, » renferment une allusion et des insinuations perfides trop évidentes pour qu'il
soit permis à l'autorité de les tolérer,

Arrête :

Art. 1er. Aux termes de l'art. 32 du décret du 17 février 1852, un premier avertissement est donné au journal l'*Aube*, dans les personnes des sieurs Blondel, copropriétaire gérant, et H. Ferrier, rédacteur.

Art. 2. M. le commissaire central de police est chargé
de l'exécution du présent arrêté.

Fait à Troyes, en l'hôtel de la préfecture, le 30 mai
1852.

Le préfet de l'Aube,

J.-P. DE BAUTEL.

L'ÉMANCIPATEUR.

Cambrai, 29 mai 1852.

Nous, préfet du Nord, commandeur de la Légion
d'honneur et de l'ordre de Charles III d'Espagne,

Vu le numéro du mercredi 26 mai 1852 de l'*Emancipateur*, journal publié à Cambrai ;

Vu l'art. 32 du décret organique sur la presse du 17 février 1852 ;

Attendu que dans un article intitulé : *Question sur les boissons*, contenu dans le numéro ci-dessus visé, commençant par ces mots : « Malgré toute l'importance, » et finissant par ceux-ci : « Pour mériter et conserver l'affection et le respect du pauvre, il faut se montrer juste envers lui, » le journal l'*Émancipateur* a dénaturé : 1° le sens et la portée du décret du 17 mars dernier, concernant les droits sur les boissons ; 2° qu'il a présenté le vote du conseil municipal de Cambrai, émis dans la séance du 26 avril dernier, conformément au susdit décret, comme établissant une disproportion d'impôts au profit du riche et au détriment du pauvre ;

Attendu que le décret du 17 mars, en réduisant le droit d'entrée, en élevant le droit de détail, en abaissant la limite de la vente en gros, ne s'est proposé et ne peut avoir pour résultat que de grever la consommation du cabaret et de dégrever la consommation en famille ;

Attendu qu'en s'associant à la pensée éminemment morale du législateur, le conseil municipal, dans son vote du 26 avril dernier, a fait acte de bonne administration et de saine économie politique ;

Attendu, dès lors, que le journal l'*Émancipateur*, en présentant ladite délibération et le décret auquel elle se réfère comme entachés d'injustice envers les classes pauvres, comme devant provoquer la désaffection du peuple, est de nature à jeter dans son sein des éléments de discorde ; que la polémique de ce journal, loin de se borner à l'examen sérieux et consciencieux de la question, contient une critique amère et injurieuse d'un acte d'un corps constitué, pris en conformité de la loi,

Arrêtons :

Art. 1er. Il est enjoint au sieur Carion, gérant du journal l'*Émancipateur* de Cambrai, à titre de premier avertissement, d'être à l'avenir plus circonspect.

Art. 2. Ampliation du présent arrêté sera transmise par M. le sous-préfet de Cambrai, chargé de son exécution, au sieur Carion, qui est et demeure requis d'avoir à l'insérer en tête dudit journal. Cette insertion devra être imprimée avec le même caractère typographique qui a servi à l'impression de l'article sur les boissons.

Fait à l'hôtel de la préfecture.

Lille, le 29 mai 1852.

Le préfet du Nord,
BESSON.

CONCILIATEUR DE L'INDRE.

Châteauroux, 5 juin 1852.

Nous, préfet de l'Indre,

Vu l'article du samedi 5 juin courant, du journal le

Conciliateur de l'Indre, intitulé : *De la conduite du parti légitimiste,* » et commençant par ces mots : « Incriminer toute la conduite d'un grand parti, etc., » et finissant par ceux-ci : « Vous ne lui avez jamais offert que la menue monnaie de M. de Montalembert ; »

Considérant que le journal le *Conciliateur,* loin de tenir compte du premier avertissement que nous lui avons donné à la date du 24 mai dernier, continue contre le gouvernement une polémique d'injures et de violences ;

Vu l'article 32, § 3, du décret sur la presse en date du 17 février dernier,

Arrêtons :

Art. 1er. Un second avertissement est donné au journal le *Conciliateur de l'Indre,* dans la personne des sieurs Poirier, son gérant, et Ponroy, son rédacteur en chef, etc.

Le préfet de l'Indre,

Léon BERGER.

COURRIER DE LA MOSELLE.

Metz, 5 juin 1852.

Nous, préfet de la Moselle, officier de la Légion d'honneur,

Vu l'article du journal le *Courrier de la Moselle*, inséré dans le numéro du 5 juin 1852, et commençant par ces mots : « Deux journaux de la localité annoncent, » et finissant par ceux-ci : « Qu'ils reçoivent du moins publiquement une marque d'estime et de sympathie; »

Vu les articles 19 et 32 du décret du 17 février 1852 sur la presse, èt les instructions ministérielles pour son exécution ;

Considérant que les réflexions contenues dans l'article ci-dessus cité du journal le *Courrier de la Moselle*, sur les décisions de la commission mixte de ce département, tendent à porter atteinte à la considération des membres qui la composaient; qu'elles renferment une énonciation malveillante sur l'effet produit par la mesure prise par la commission, appréciation que le signataire de l'article n'a pas le droit d'assigner à l'opinion publique;

Considérant aussi que les témoignages d'estime et de sympathie donnés publiquement aux individus atteints par ces décisions ne peuvent être acceptés par l'administration supérieure, qui a le droit et le devoir d'en signaler officiellement l'inconvenance,

Arrêtons :

Art. 1ᵉʳ. Un premier avertissement est donné au journal le *Courrier de la Moselle*, dans la personne de M. F. Blanc, rédacteur gérant, pour les motifs susénoncés. .

Art. 2. M. le commissaire en chef de police est chargé de l'exécution du présent arrêté, lequel sera inséré en tête du prochain numéro du journal.

Fait à Metz, en l'hôtel de la préfecture, le 6 juin 1852.

Le préfet de la Moselle,

MALHER.

L'AMI DES SALONS.

Béziers, 6 juin 1852.

Nous, préfet de l'Hérault, chevalier de la Légion d'honneur,

Vu les articles 19 et 32 du décret du 17 février 1852 sur la presse;

Vu le numéro 36 du journal l'*Ami des Salons*, en date du 6 juin, contenant un article signé A. Teissié et intitulé : *Une représentation extraordinaire;*

Considérant que le dernier alinéa de cet article commençant par ces mots : « Somme toute, cette soirée, quoique brillante, etc..., » et finissant par ceux-ci : « On a toujours un peu d'encre pour soutenir un homme de cœur et pour flétrir l'ingratitude, » contiennent une appréciation aussi injuste que malveillante d'un acte de l'autorité municipale;

Que cet article dépasse les bornes d'une critique convenable et modérée; qu'il contient des expressions injurieuses pour l'autorité de laquelle est émané l'acte mis en discussion,

Arrêtons :

Art. 1er. Aux termes de l'article 32 du décret du 17 février 1852, un premier avertissement est donné au sieur A. Teissié, éditeur gérant du journal l'*Ami des Salons*.

Art. 2. Le présent arrêté sera textuellement inséré en tête du prochain numéro de l'*Ami des Salons*.

Art. 3. M. le commissaire central de Montpellier est chargé de la notification et de l'exécution du présent arrêté.

Fait à Béziers, à l'hôtel de la sous-préfecture, en tournée de révision, le 8 juin 1852.

Le préfet de l'Hérault,

A. DURAND-SAINT-AMAND.

L'AMI DE L'ORDRE.

Noyon, 6 juin 1852.

Nous, préfet de l'Oise, officier de la Légion d'honneur,

Vu l'article 32 du décret organique sur la presse, en date du 17 février 1852 ;

Vu l'article publié dans le journal l'*Ami de l'Ordre*, de Noyon, le 6 juin dernier, signé Chavastelon, dans lequel le rédacteur fait intervenir, à diverses reprises, la personne même du Prince-Président, et n'hésite pas à lui prêter, pour les besoins de sa polémique, une manière de voir et de sentir conforme à la sienne ;

Considérant que le chef de l'État doit rester en dehors de tous débats, et qu'il n'est pas permis d'invoquer comme éléments de discussion ses opinions vraies ou supposées ;

Vu l'article publié dans le journal, signé Chavastelon, dans lequel les grands corps de l'État sont l'objet des critiques les plus injustes et les plus passionnées, où l'on ne craint pas de prononcer les mots de mécontentement et de désaffection à propos de griefs imaginaires, et où on lit des phrases comme celle-ci :

« Il ne faudrait pas que le pouvoir en vînt à ce point de folie mentale de se persuader qu'avec des avertissements, des suppressions et des condamnations, il aura raison de cette puissance (la presse) établie à côté de lui pour le contrôler ; »

Et encore celle-ci qui fait une allusion amère à la chute des deux derniers rois : «... L'histoire est là pour dire que le nom de Bonaparte n'est pas un talisman qui préserve des chutes ; »

Considérant que présenter la presse comme supérieure à tous les moyens de répression employés contre ses excès, c'est porter un défi au pouvoir, c'est proclamer l'impuissance des lois;

Considérant que c'est faire mentir l'histoire que d'assimiler la chute de Charles X et de Louis-Philippe à celle de Napoléon; l'histoire démontre, au contraire, que si le trône des Bourbons a été renversé par des mouvements populaires, Napoléon n'a succombé, après des efforts héroïques de la part de l'armée et des populations, que devant la coalition étrangère; et les événements contemporains attestent combien la France est restée fidèle à la mémoire du grand homme, et si elle a jamais été complice de la chute de l'Empereur;

Vu l'article publié dans le même journal le 20 de ce mois, signé Chavastelon, dans lequel on présente le gouvernement actuel comme rétrograde et comme destructeur des libertés publiques;

Considérant que ce n'était pas la liberté qui était debout au 2 décembre, mais la licence la plus effrénée, l'anarchie la plus hideuse et la plus effrayante, et qu'en les terrassant de sa main puissante, Louis-Napoléon n'a fait que réhabiliter la vraie liberté, celle qui a rendu la sécurité aux familles, l'essor au crédit, l'activité aux affaires, et qui a réalisé sans bruit, sans vaines paroles, en quelques mois, tous les progrès, sollicités, et paralysés depuis vingt ans;

Considérant que l'administrateur qui vient de parcourir tous les cantons du département, qui s'est mis en contact avec les maires, avec les populations elles-mêmes, qui les a interrogés sur leurs besoins, sur l'état des esprits, qui a trouvé chez tous conscience et reconnaissance de l'immense service rendu au pays par le Prince-Président, chez tous la joie et la fierté d'avoir bien voté au 20 décembre, ne peut laisser passer sans protestation ces mots de *mécontentement* et de *désaffection*, articulés gratuitement par un écrivain désavoué de ceux-là même qui lui ont donné mission,

Arrêtons :

Art. 1er. Aux termes de l'art. 32 du décret du 17 février 1852, un premier avertissement est donné au journal l'*Ami de l'Ordre*, dans la personne du sieur Y. Chavastelon, en sa double qualité de gérant et de signataire des articles ci-dessus visés.

Art. 2. M. le sous-préfet de Compiègne est chargé de l'exécution du présent arrêté, qui sera notifié à qui de droit par les soins du commissaire de police de Noyon.

Fait à Beauvais, le 21 juin 1852.

Le préfet de l'Oise,

A. RANDOUIN.

LE CONSTITUTIONNEL.

7 juin 1852.

Nous, ministre de la police générale,

Vu l'art. 32 du décret organique sur la presse en date du 17 février 1852;

Vu l'article publié dans le journal le *Constitutionnel*, le 7 juin 1852, dans lequel se trouve le passage suivant: « Nous croyons fermement encore, même après l'article du *Moniteur*, que M. Granier de Cassagnac était complétement autorisé..... »

Ledit article signé : Dr L. Véron ;

Attendu que, dans cet article le sieur Véron, malgré l'insertion au *Moniteur* du 6 juin 1852 d'une note communiquée par le gouvernement, persiste à déclarer vraie une assertion inexacte,

Arrêtons :

Art. 1er. Aux termes de l'art. 32 du décret du 17 février 1852, un premier avertissement est donné au journal le *Constitutionnel*, dans la personne des sieurs Denain, gérant, et Véron, signataire de l'article ci-dessus indiqué;

Art. 2. Le préfet de police est chargé de l'exécution du présent arrêté.

Fait à Paris, le 7 juin 1852.

Le ministre de la police générale,

De Maupas.

LE CONSTITUTIONNEL.

8 juin 1852.

Nous, ministre de la police générale,

Vu l'art. 32 du décret organique sur la presse en date du 17 février 1852 ;

Vu l'article publié dans le journal le *Constitutionnel*, le 8 juin 1852, commençant par ces mots : « Un avertissement, » et finissant par ceux-ci : « Pour qu'il trouve en nous un ingrat ; »

Ledit article signé : Dr L. Véron;

Attendu que le susdit article persiste dans l'affirmation du fait qui avait motivé l'avertissement donné, à la date d'hier, au même journal le *Constitutionnel*,

Arrêtons :

Art. 1er. Aux termes de l'art. 32 du décret du 17 février 1852, un second avertissement est donné au journal le *Constitutionnel*, dans la personne des sieurs Denain, gérant, et Véron, signataire de l'article susindiqué;

Art. 2. Le préfet de police est chargé de l'exécution du présent arrêté.

Fait à Paris, le 8 juin 1852.

Le ministre de la police générale,

DE MAUPAS.

LE CHATILLONNAIS.

13 juin 1852.

Nous, préfet de la Côte-d'Or,

Vu l'article publié dans le numéro 48 du journal le *Châtillonnais* du 13 juin courant, article intitulé : *Une bonne nouvelle*, commençant par ces mots : « Le commerce de Sémur s'entretient avec joie; » et terminé par ceux-ci : « Nous reviendrons sur cette question après de plus amples renseignements sur la matière dont il s'agit;»

Vu l'article 32, paragraphe 3, du décret organique sur la presse en date du 17 février 1852;

Considérant que l'article ci-dessus visé contient des attaques injurieuses et des excitations à la haine contre une classe de citoyens,

Arrêtons :

Art. 1er. Un premier avertissement est donné au journal le *Châtillonnais*, dans la personne du sieur Lebeuf, son propriétaire gérant.

Art. 2. Le présent arrêté, dont l'exécution est confiée à M. le sous-préfet de Châtillon, sera inséré en tête du premier numéro du journal dont il s'agit.

Fait à Dijon, le 16 juin 1852.

Pour le préfet en tournée,

Le conseiller de préfecture, secrétaire général délégué,

TOSCAN.

L'ESPÉRANCE DU PEUPLE.

25 juin 1852.

Nous, préfet de la Loire-Inférieure,

Vu l'article 32 du décret du 17 février 1852 sur la presse ;

Vu l'article du journal de Nantes l'*Espérance du Peuple* (numéro du 25 juin), signé Emerand de La Rochette, commençant par ces mots : « Chaque jour la lettre de Venise est mieux comprise…, » et se terminant par ceux-ci : « … Ce département, qui s'honore avec un juste orgueil d'être resté fidèle à toutes les traditions religieuses et politiques ; »

Considérant qu'il résulte de cet article une incitation directe à ne pas prêter le serment prescrit par l'article 14 de la Constitution, et qu'un tel langage provoque entre les citoyens de la même patrie des divisions regrettables auxquelles l'immense acclamation de 8 millions de suffrages aurait dû mettre un terme ;

Considérant qu'après une manifestation si éclatante de la volonté nationale, c'est méconnaître au plus haut point les grands intérêts du pays et de la société, que de leur substituer un intérêt exclusif de parti,

Arrêtons :

Art. 1er. Un premier avertissement est donné au journal l'*Espérance du Peuple*, dans la personne des sieurs Brodu, son gérant, et Emerand de La Rochette, l'un de ses rédacteurs.

Art. 2. Le présent arrêté sera, aux termes de l'article 1er du décret précité, inséré en tête du plus prochain numéro du journal l'*Espérance du Peuple*.

Art. 3. M. le commissaire central de la police de Nantes est chargé de l'exécution de cet arrêté.

Nantes, le 26 juin 1852.

Le préfet de la Loire-Inférieure,

E. DE MENTQUE.

LE CORSAIRE.

3 juillet 1852.

Nous, ministre de la police générale,

Vu le paragraphe 2 de l'article 32 du décret organique sur la presse du 17 février 1852, ainsi conçu :

« Après une condamnation prononcée pour contravention ou délit de presse contre le gérant responsable d'un journal, le gouvernement a la faculté, pendant les deux mois qui suivent cette condamnation, de prononcer soit la suppression temporaire, soit la suspension du journal ;»

Vu la condamnation prononcée le 18 mai dernier par la 6e chambre du Tribunal de première instance de la Seine, contre les sieurs Viremaître, gérant, et Chanavat, rédacteur du journal le *Corsaire*, pour délit d'excitation au mépris du gouvernement,

Arrêtons :

Art. 1er. La publication du journal le *Corsaire* est suspendue pendant deux mois, à compter de ce jour.

Art. 2. Le préfet de police est chargé de l'exécution du présent arrêté.

Paris, le 3 juillet 1852.

Le ministre de la police générale,

DE MAUPAS.

JOURNAL HEBDOMADAIRE

DE

L'ARRONDISSEMENT DE CASTEL-SARRASIN

11 juillet 1852.

Nous, préfet de Tarn-et-Garonne,

Vu le numéro 98 du *Journal hebdomadaire de l'arrondissement de Castel-Sarrasin* du dimanche

11 juillet 1852, portant un article signé Lacurie commençant par ces mots : « M. le préfet de Tarn-et-Garonne, » et finissant par ceux-ci : « L'on n'avait agi,
dans cette terrible circonstance, que par ordre supérieur; »

Considérant que l'article précité contient un blâme
contre l'autorité supérieure dans un de ses actes administratifs;

Qu'en attribuant au *Messager* de Castel-Sarrasin le
droit d'insertion des annonces judiciaires, le préfet a
fait un acte parfaitement légal et justifié par les dispositions de l'article 26 du décret du 17 février 1850 ;

Qu'en cédant à un sentiment immodéré d'envie pour
la conservation d'un bénéfice incompatible avec la publicité que réclament les annonces judiciaires de l'arrondissement, les sieurs Mézamat et Lacurie se sont rendus
coupables d'excitation à la haine et au mépris du gouvernement et de diffamation envers un dépositaire de
l'autorité publique,

Donnons au *Journal hebdomadaire de Castel-Sarrasin* en la personne des sieurs Mézamat et Lacurie,
propriétaire et rédacteur, un premier avertissement,
conformément à l'article 32 du décret organique sur la
presse.

Fait à Montauban, le 17 juillet 1852.

Le préfet de Tarn-et-Garonne,

Baron DUFAY DE LAUNAGUET.

JOURNAL DE LA MEURTHE ET DES VOSGES.

Nancy, 13 juillet 1852.

Nous, préfet de la Meurthe, officier de la Légion d'honneur,

Considérant que de la rédaction du *Journal de la Meurthe et des Vosges* ressort un système qui tend à affaiblir l'action administrative et à enlever à l'administration son crédit auprès des populations, crédit qui lui est nécessaire pour faire le bien ;

Considérant que, dans un article du 13 de ce mois, commençant par ces mots : « Nous disons.... » et finissant par ceux-ci : « nous sera transmise, » l'administration est mise en cause à propos d'une nomination qu'elle n'a point faite, et qu'il en résulte un blâme dont elle ne doit aucun compte ;

Considérant qu'à propos d'individualités on ne peut faire intervenir l'administration, qui a le devoir de veiller aux intérêts généraux et de les sauvegarder contre l'action dissolvante des partis ;

Considérant, en outre, que le *Journal de la Meurthe et des Vosges* est l'organe d'un comité tendant à rétablir les influences funestes dont les institutions nouvelles ont voulu affranchir le pays,

Arrêtons :

Art. 1ᵉʳ. Aux termes de l'art. 32 du décret du 17 février 1852, un premier avertissement est donné au *Journal de la Meurthe et des Vosges*, dans la personne de M. Lemachois, son rédacteur en chef et gérant.

Art. 2. Le commissaire central de police est chargé de l'exécution du présent arrêté.

Nancy, le 25 juillet 1852.

Le préfet de la Meurthe,

DE SIVRY.

CONCILIATEUR DU TARN.

Albi, 15 juillet 1852.

Nous, préfet du Tarn, chevalier de la Légion d'honneur,

Vu l'article 32, paragraphe 3, du décret organique sur la presse en date du 17 février 1852;

Vu l'article publié dans le numéro 85 du *Conciliateur du Tarn*, en date du 15 juillet courant, signé V. de Perrodil, commençant par ces mots : « Depuis quelque temps il est passé en usage dans les conversations, » et finissant par ceux-ci : « Et demeurons-y le plus longtemps possible; »

Considérant que cet article, dans l'ensemble de sa rédaction, contient des insinuations malveillantes contre le gouvernement et nos institutions; qu'il est de nature à porter atteinte au respect qui leur est dû;

Que cette intention est manifestement exprimée dans le 5e paragraphe, ainsi conçu : « Du reste, le gouvernement exprimera ses désirs à M. le préfet, M. le préfet les transmettra au suffrage universel, et le suffrage universel se fera un devoir et un plaisir de les satisfaire. Les élections ne sont pas plus difficiles que cela; »

Considérant, en outre, que, depuis quelque temps, les articles publiés dans ce journal ont pour but de diminuer l'affection des populations pour le gouvernement de leur choix,

Arrêtons :

Art. 1er. Aux termes de l'article 32 du décret du 17 février 1852, un premier avertissement est donné au journal le *Conciliateur du Tarn*, dans la personne de M. S. Rodière, gérant responsable.

Art. 2. Le commissaire de police d'Albi est chargé de l'exécution du présent arrêté, qui sera inséré en entier en tête du plus prochain numéro dudit journal, par application de l'article 19 du décret précité.

Fait à l'hôtel de la préfecture, à Albi, le 16 juillet 1852 .

Le préfet du Tarn,

A. TAILLEFER.

L'UNION BRETONNE.

17 juillet 1852.

Nous, préfet de la Loire-Inférieure,

Vu l'art. 32 du décret du 17 février 1852 sur la presse;

Vu l'article du journal l'*Union bretonne*, numéro du 17 juillet, signé Ernest Merson, commençant par ces mots : « Notre querelle avec l'*Espérance du Peuple, etc.,* » et se terminant par ceux-ci : « Nous avons tout préparés des arguments et des pièces qui devront du moins la rendre décisive ; »

Considérant que cet article contient, à l'égard du rédacteur d'une feuille publique, d'amers sarcasmes qui dépassent les bornes dans lesquelles la polémique doit se renfermer, et qu'il est du devoir de l'autorité d'atteindre de son blâme un tel langage,

Arrêtons :

Art. 1er. Un premier avertissement est donné au journal l'*Union bretonne,* dans la personne de son rédacteur en chef et gérant, M. Ernest Merson.

Art. 2. Le présent arrêté sera, aux termes de l'art. 19 du décret précité, inséré en tête du plus prochain numéro du journal l'*Union bretonne.*

Art. 3. M. le commissaire central de police de Nantes est chargé de l'exécution de cet arrêté.

Nantes, le 19 juillet 1852.

Le préfet de la Loire-Inférieure,

E. DE MENTQUE.

L'ESPÉRANCE DU PEUPLE.

19 juillet 1852.

Nous, préfet de la Loire-Inférieure,

Vu l'article du journal l'*Espérance du Peuple*, numéro du 19 juillet, signé Emerand de La Rochette, commençant par ces mots :

« Nous ne croyons pas que jamais homme ait poussé plus loin le grotesque et le ridicule, etc., » et se terminant par ceux-ci : « Il y a des insectes que l'on ne peut écraser, parce qu'ils s'aplatissent sous le pied ; »

Considérant que cet article contient, à l'égard du rédacteur d'une feuille publique, des injures et des violences de langage qui dépassent toutes les bornes de la polémique permise, et qu'il est du devoir de l'autorité de frapper de son blâme un tel langage,

Arrêtons :

Art. 1er. Un deuxième avertissement est donné au journal l'*Espérance du Peuple*, dans la personne des sieurs Emerand de La Rochette, l'un de ses rédacteurs, et Brodu, son gérant.

Art. 2. Le présent arrêté sera, aux termes de l'art. 19 du décret précité, inséré en tête du plus prochain numéro du journal l'*Espérance*.

Art. 3. M. le commissaire central de police de Nantes est chargé de l'exécution du présent arrêté.

Nantes, le 20 juillet 1852.

Le préfet de la Loire-Inférieure,

E. DE MENTQUE.

LE PILOTE DU CALVADOS.

23 juillet 1852.

Nous, préfet du Calvados, chevalier de la Légion d'honneur,

Vu les art. 19 et 32 du décret organique du 17 février sur la presse ;

Vu l'article signé Félix Courty et inséré dans le *Pilote du Calvados*, au sujet de l'inauguration du chemin de fer de Strasbourg, lequel article, entre autres observations répréhensibles, qualifie de « vaine pompe théâtrale, d'enthousiasme banal au service de tous les pouvoirs, » les fêtes et les acclamations qui ont accueilli le Prince-Président;

Considérant que c'est manquer autant d'exactitude que de convenance dans l'appréciation d'une des plus grandes solennités de l'industrie nationale et d'une des plus éclatantes manifestations de la reconnaissance publique,

Arrêtons :

Art. 1er. Un premier avertissement est donné au journal le *Pilote du Calvados*, dans la personne de MM. Georges Le Camus, gérant, et Félix Courty, signataire de l'article indiqué ci-dessus.

Art. 2. M. le commissaire central est chargé de signifier le présent décret et d'en assurer l'exécution.

Fait à Caen, le 23 juillet 1852.

> Le préfet du Calvados,
> Pierre LEROY.

LE JOURNAL DE ROUEN.

26 juillet 1852.

Nous, préfet de la Seine-Inférieure,

Vu l'art. 32 du décret sur la presse du 17 février 1852 ;

Attendu que l'article publié par le *Journal de Rouen*, dans son numéro 208 du 26 juillet 1852, sous le titre de : *Élections départementales et communales*, présente les caractères d'une polémique violente et calomnieuse, puisqu'il impute aux candidats pour le conseil général et le conseil d'arrondissement, dont la liste a paru dans les deux journaux de Rouen, « d'avoir en unique préférence le pouvoir qui existe, plutôt parce qu'il existe que pour la garantie qu'il peut offrir à la cause du progrès et de la véritable liberté; » et que, de plus, un passage dudit article est dirigé contre la Constitution et les pouvoirs que le Prince-Président tient de cette Constitution, puisqu'après avoir indiqué une catégorie de candidats qui seraient « les républicains qui regrettent toujours que l'on ait apporté, le 2 décembre, des modifications au pouvoir présidentiel, » il insinue que les électeurs doivent accorder la préférence à cette catégorie de candidats,

Arrêtons :

Art. 1er. Un premier avertissement est donné au *Journal de Rouen*, en la personne du sieur Benzeville, signataire, comme rédacteur de l'article ci-dessus indiqué et comme gérant du journal (numéro 208) du 26 juillet 1852.

Art. 2. Le présent arrêté sera, aux termes de l'art. 19 du décret précité, inséré en tête du plus prochain numéro du *Journal de Rouen*.

Art. 3. M. le commissaire central de police de Rouen est chargé de l'exécution du présent arrêté.

Fait en l'hôtel de la préfecture, le 26 juillet 1852.

Le préfet de la Seine-Inférieure,

E. LE ROY.

JOURNAL DE RENNES.

27 juillet 1852.

Nous, préfet d'Ille-et-Vilaine,

Vu le numéro du *Journal de Rennes*, en date du 27 juillet 1852;

Vu l'art. 32 du décret du 17 février 1852 ;

Considérant que, dans divers articles du numéro précité, les rédacteurs du *Journal de Rennes* se livrent à une critique malveillante des actes de l'administration et du droit qu'elle tient de la loi; que cette appréciation, erronée au fond et perfide dans la forme, est de nature à jeter l'incertitude et le trouble dans l'esprit des populations,

Arrêtons :

Art. 1er. Un premier avertissement est donné au *Journal de Rennes*, en la personne de M. Gislais, son gérant, et en celle de M. Delabigne-Villeneuve, rédacteur.

Art. 2. M. le commissaire central de police est chargé de la notification du présent arrêté, qui sera inséré en tête du premier numéro du *Journal de Rennes*, et imprimé avec les mêmes caractères que l'article de fond de ce jour.

Fait à Rennes, le 27 juillet 1852.

Le préfet d'Ille-et-Vilaine,

COMBE.

COURRIER DE VERDUN.

28 juillet 1852.

Nous, préfet de la Meuse,

Vu l'art. 32 du décret organique sur la presse du 17 février 1852 ;

Considérant que le *Courrier de Verdun*, en insérant dans son numéro du mercredi 28 juillet 1852, sans y être autorisé par le destinataire, une lettre adressée à M. le sous-préfet de Verdun, a fait intervenir l'administration dans une question d'individualité à laquelle elle devait et a voulu rester étrangère ;

Considérant qu'un système de publications de cette nature peut offrir les inconvénients les plus graves et affaiblir le principe d'autorité,

Arrêtons :

Art. 1er. Un premier avertissement est donné, en vertu de l'art. 32 du décret du 17 février 1852, au *Courrier de Verdun*, en la personne de M. Lallemand, son rédacteur.

Fait et arrêté à Bar-le-Duc, le 29 juillet 1852.

Le préfet de la Meuse,

Albert Lenglé.

L'ÉCHO DE VÉSONE.

29 juillet 1852.

Nous, préfet de la Dordogne,

Vu la lettre signée Paul Dupont, insérée dans le numéro de l'*Écho de Vésone* du 29 juillet, commençant par ces mots : « Personne n'aurait pu croire, etc., etc.» et se terminant par ceux-ci : « Deux cœurs si complétement dépourvus de tout sentiment du juste et de l'honnête; »

Considérant que cette lettre, qui fait intervenir le préfet dans une querelle de journaux, par des lambeaux de correspondance privée, tronquée, antérieure de longue date à l'existence de l'un desdits journaux, et appropriée, sans motifs aux besoins de cette querelle, contient, à l'égard de l'administration, un oubli complet de toute convenance, qu'il est du devoir de l'autorité d'atteindre et de blâmer,

Arrêtons :

Art. 1er. Un premier avertissement est donné au journal l'*Écho de Vésone*, dans la personne de son rédacteur en chef gérant, M. Eugène Massourbre.

Art. 2. Le présent arrêté sera, aux termes de l'art. 19 du décret précité, inséré en tête du plus prochain numéro du journal l'*Écho de Vésone*.

Art. 3. M. le commissaire de police de Périgueux est chargé de l'exécution de cet arrêté.

Fait à Périgueux, le 28 juillet 1852.

Le préfet de la Dordogne,

A. DE CALVIMONT.

JOURNAL DE LA MEURTHE ET DES VOSGES.

Nancy, le 29 juillet 1852.

Nous, préfet de la Meurthe,

Vu l'art. 32 du décret organique sur la presse du 17 février 1852 ;

Considérant que le *Journal de la Meurthe et des Vosges* porte, dans son numéro du 29 de ce mois, comme candidat aux fonctions de membre du conseil d'arrondissement de Nancy, un citoyen qui s'est démis de ces mêmes fonctions pour ne point prêter le serment exigé par la Constitution, acte qui implique la négation des droits d'un gouvernement établi par la souveraineté nationale;

Considérant que cette feuille fait précéder la liste contenant le nom de ce candidat de réflexions qui sont de nature à tromper la bonne foi des électeurs,

Arrêtons :

Art. 1er. Aux termes de l'art. 32 du décret du 17 février 1852, un second avertissement est donné au *Journal de la Meurthe et des Vosges* dans la personne du sieur Lemachois, son rédacteur en chef gérant.

Art. 2. M. le commissaire de police est chargé de l'exécution du présent arrêté, qui sera inséré en tête du prochain numéro dudit journal, par application de l'article 19 du décret du 17 février 1852.

Fait à Nancy, le 30 juillet 1852.

Le préfet de la Meurthe,

A. DE SIVRY.

L'OCÉAN.

Brest, 29 juillet 1852.

Nous, préfet du Finistère,

Vu l'article publié par le journal l'*Océan*, dans son numéro du 29 juillet, article commençant par ces mots : « L'*Armoricain* du 27 annonce, » et finissant par ceux-ci : « De ridicules engouements ; »

Considérant que le premier de ces articles renferme une appréciation aussi fausse que malveillante de l'une des institutions qui nous régissent et constitue une attaque contre une loi en vigueur ;

Considérant que le second de ces articles est un tissu d'allégations injurieuses et mensongères, dirigées contre un des premiers fonctionnaires de l'État; qu'il sort des limites les plus extrêmes d'une polémique tolérable; enfin qu'il constitue une attaque directe contre l'usage que le Prince-Président de la République fait des pouvoirs qu'il tient de la nation,

Arrêtons :

Art. 1er. Un premier avertissement est donné au journal l'*Océan*.

Art. 2. M. le sous-préfet de Brest est chargé de l'exécution du présent arrêté.

Fait en préfecture, à Quimper, le 29 juillet 1852.

Le préfet du Finistère,

RICHARD.

PETIT COURRIER DE LA BRETAGNE.

30 juillet 1852.

Nous, préfet d'Ille-et-Vilaine,

Vu le numéro du journal le *Petit Courrier de la Bretagne*, en date du 30 juillet dernier, contenant un article de fond signé Ch. de la Villebrune ;

Vu l'art. 32 du décret du 17 février 1852 ;

Considérant que, dans l'article précité, le rédacteur conteste la vérité des bulletins officiels relatifs au voyage du Prince-Président dans l'est de la France et s'arroge le droit de les rectifier,

Arrêtons :

Art. 1er. Un second avertissement est donné au journal le *Petit Courrier de la Bretagne*, en la personne du sieur Lescoët, gérant, et celle du sieur Ch. de la Villebrune, rédacteur.

Art. 2. M. le commissaire central de police est chargé de la notification du présent arrêté, qui sera imprimé en tête du premier numéro du *Petit Courrier de la Bretagne*, avec les mêmes caractères que l'article de fond dont il s'agit.

Fait à Rennes, le 2 août 1852.

Le préfet d'Ille-et-Vilaine,

COMBE.

L'ÉCHO DE L'AVEYRON.

Rodez, août 1852.

. . . .

Considérant que, depuis longtemps, les articles que publie l'*Écho de l'Aveyron* ont une tendance manifeste à faire naître dans l'opinion publique le découragement et la désaffection, en dénaturant, par des insinuations malveillantes et injustes, les actes et les intentions du gouvernement; que la forme de sarcasme et de dénigrement qu'empruntent le plus souvent ces articles ne les rend que plus déplacés et plus coupables, et qu'il y a, dans leur ensemble, l'intention bien marquée de critiquer systématiquement les actes du pouvoir et nos institutions, et de porter atteinte au respect qui leur est dû [1].

LA FOI BRETONNE.

Saint-Brieuc, le 4 août 1852.

Nous, préfet des Côtes-du-Nord,

Vu le numéro du journal la *Foi Bretonne*, en date du 3 août;

Vu l'article 32 du décret du 17 février 1852 ;

Considérant que les rédacteurs dudit journal, dans un article du numéro précité, relatif à l'élection du conseiller d'arrondissement de Saint-Brieuc, accusent des fonctionnaires « d'un ordre élevé, » qu'ils ne désignent pas, d'avoir provoqué l'abstention des électeurs en proclamant l'inutilité des conseils qui fonctionnent en vertu des lois;

Considérant qu'une pareille imputation, complétement dénuée de preuves d'ailleurs, est de nature à déverser le mépris sur l'administration, et que sa généralité même la rend encore plus répréhensible,

---

[1] Nous n'avons pu nous procurer le texte complet de l'arrêté de cet avertissement.

Arrêtons :

Art. 1er. Un premier avertissement est donné au journal la *Foi Bretonne*, en la personne de M. Thibault de la Guichardière, son rédacteur en chef gérant.

Art. 2. M. le commissaire de police de Saint-Brieuc est chargé de la notification du présent arrêté, qui sera inséré en tête du premier numéro du journal la *Foi Bretonne.*

Le préfet des Côtes-du-Nord,

J. RIVAUD DE LA RAFFINIÈRE.

JOURNAL DE BÉZIERS.

6 août 1852.

Nous, préfet de l'Hérault, chevalier de la Légion d'honneur,

Vu les articles 19 et 32 du décret du 17 février 1852 sur la presse;

Vu le numéro 32 du *Journal de Béziers*, en date du 6 août, contenant un article signé E. Millet, et intitulé : *Collége communal;*

Considérant que, dans cet article et à l'occasion d'une délibération prise par le conseil municipal de Béziers, le rédacteur dudit journal s'est permis de supposer que le débat occasionné par cette délibération a été empreint « d'irritation et de peu de bonne foi ; » que, selon lui, des « combinaisons savantes, des calculs, suite de longues méditations, avaient échoué contre l'attitude ferme et résolue de la majorité ; » qu'enfin il n'a pas craint de signaler « la participation du chef de l'autorité municipale à la lutte contre ce même collègue, que le préfet recommandait naguères si vivement à sa sollicitude ; »

Considérant que le sieur Millet s'est ainsi rendu l'organe d'insinuations malveillantes contre une partie du conseil municipal et contre le chef de l'administration de la ville de Béziers ; qu'il s'est plu à supposer un antagonisme entre ce magistrat et les représentants de l'autorité supérieure dans le département ; qu'il a ainsi excédé les bornes de la modération et de la convenance, et qu'il est d'autant plus répréhensible qu'il lui avait été communiqué de la sous-préfecture un compte rendu officiel de la délibération du conseil municipal, compte rendu qui a été inséré le même jour dans les journaux de Béziers, tandis que le sieur Millet a cru devoir l'ajourner à un prochain numéro ;

Considérant que déjà le sieur Millet s'était fait remarquer par une polémique ouvertement malveillante à l'égard du maire de Béziers, et qu'il lui avait été adressé en notre nom un avertissement officieux dont il n'a tenu nul compte,

Arrêtons :

Art. 1er. Aux termes de l'article 32 du décret organique sur la presse, un premier avertissement est donné au *Journal de Béziers*, en la personne du sieur E. Millet, propriétaire gérant dudit journal.

Art. 2. Le présent arrêté sera textuellement inséré en tête du prochain numéro du *Journal de Béziers*.

Fait et arrêté en l'hôtel de la préfecture, à Montpellier, le 7 août 1852.

Le préfet de l'Hérault,
A. DURAND DE SAINT-AMAND.

MONITEUR DU LOIRET.

6 août 1852.

Nous, préfet du Loiret,

Vu l'article 32 du décret sur la presse du 17 février 1852;

Vu le numéro du journal le *Moniteur du Loiret*, en date de ce jour, contenant un article adressé au *Journal du Loiret*, dans lequel on lit : « C'est vous qui avez fait fractionner la ville en sections, contrairement à deux délibérations du conseil municipal, etc...;»

Attendu que cette allégation est de nature à déconsidérer l'autorité départementale, en ce qu'elle la représente comme ayant subi l'influence d'un journal dans l'accomplissement d'une mesure conforme à la loi et prise dans l'intérêt public,

Arrêtons :

Art. 1er. Un premier avertissement est donné au *Moniteur du Loiret*, dans la personne de M. Léon Lavedan, gérant dudit journal et signataire de l'article précité.

Art. 2. Le présent avertissement, qui sera notifié par les soins de M. le commissaire central de police, devra être inséré en tête du prochain numéro du journal le *Moniteur du Loiret*.

Fait en l'hôtel de la préfecture, le 6 août 1852.

Le préfet du Loiret,
DUBESSEY.

L'ÉCHO DE L'AUDE.

Carcassonne, 7 août 1852.

Nous, préfet de l'Aude, officier de la Légion d'honneur,
Vu l'article du journal l'*Écho de l'Aude* (numéro du

7 août 1852), signé Charles Falgons, intitulé : *Encore une revue des candidatures*, commençant par ces mots : «Six cantons procéderont dimanche prochain à un scrutin de ballotage, » et finissant par ceux-ci : « Nous ne pouvons qu'applaudir aux décisions du pays; »

Considérant que cet article renferme des assertions contraires à la vérité, et qu'il tend, par des insinuations perfides et malveillantes, à égarer l'opinion publique et à porter atteinte à la dignité de l'administration,

Arrêtons :

Art. 1er. Un premier avertissement est donné au journal l'*Écho de l'Aude*, dans la personne du sieur Charles Falgons, signataire de l'article ci-dessus, et du sieur Barthe, gérant responsable du journal.

Art. 2. Le présent arrêté sera, aux termes de l'article 19 du décret précité, inséré en tête du plus prochain numéro du journal l'*Écho de l'Aude*.

Art. 3. M. le commissaire de police est chargé de l'exécution du présent arrêté.

Fait à Carcassonne, le 8 août 1852.

Le préfet de l'Aude,

ÉD. DUGUÉ.

LE PROGRÈS DE L'OISE.

Beauvais, 7 août 1852.

Nous, préfet de l'Oise, officier de la Légion d'honneur,

Vu l'article 32 du décret sur la presse du 17 février 1852;

Vu les numéros du *Progrès de l'Oise*, en date des 4 et 7 août présent, contenant deux articles signés Jules Escuyer :

L'un commençant par ces mots : « On voit par ce résultat, » et finissant par ceux-ci : « La leçon profitera peut-être ; »

L'autre commençant par ces mots : « L'*Écho* n'a pas manqué de mettre en jeu le *Progrès,* » et finissant par ceux-ci : « Qui parlent sans cesse de leur vertu ; »

Considérant que, dans ces articles, le rédacteur critique le droit attribué au pouvoir par le décret organique de nommer les officiers de la garde nationale, et parodie indécemment le droit d'avertissement conféré aux préfets par le décret sur la presse ;

Attendu, de plus, que, dans le même numéro du 7 août, le même journal s'est permis d'insérer insidieusement, sans autorisation de son auteur, une lettre adressée par le préfet de l'Oise à un fonctionnaire public, et qui n'était pas destinée à la publicité,

Arrêtons :

Art. 1er. Un premier avertissement est donné au journal le *Progrès de l'Oise,* en la personne du sieur Jules Escuyer, son rédacteur gérant.

Fait à Beauvais, le 8 août 1852.

Le préfet de l'Oise,

A. RANDOUIN.

L'ÈRE NOUVELLE.

Bastia, 9 août 1852.

Nous, préfet de la Corse,

Vu l'article 32 du décret du 17 février 1852 sur la presse ;

Considérant que le dernier numéro du journal l'*Ère nouvelle* contient deux articles commençant l'un par ces mots : « Le renouvellement des élections départementales, » et l'autre par ceux-ci : « Les brusques changements, etc...; »

Considérant que ces deux articles tendent à déverser le blâme sur la conduite tenue par MM. les sous-préfets pendant les élections et le mépris sur les administrations municipales ;

Considérant qu'il y aurait danger à tolérer un pareil oubli de la modération et de la convenance actuellement imposées à la presse,

Arrêtons :

Art. 1er. Un premier avertissement est donné au journal l'*Ère nouvelle*, en la personne de M. Arrighi, son rédacteur gérant.

Art. 2. M. le commissaire de police de Bastia est chargé d'assurer l'exécution du présent arrêté, qui sera inséré en tête du prochain numéro de l'*Ère nouvelle*.

Fait en l'hôtel de la préfecture, à Ajaccio, le 9 août 1852.

Le préfet de la Corse,

THUILLIER.

L'AMI DE LA PATRIE.

Clermont-Ferrand, 11 août 1852.

Nous, préfet du Puy-de-Dôme,

Vu l'article publié dans le journal l'*Ami de la Patrie*, du 11 août courant, commençant par ces mots : « On remarque généralement, » et finissant par ceux-ci : « Qu'il est beau de faire des ingrats; »

Vu le décret du 17 février 1852;

Considérant que cet article, et notamment le paragraphe commençant par ces mots : « Nous avons répondu, » et finissant par ceux-ci : « Que de la pitié, » contiennent des expressions injurieuses et sortent des bornes que doit s'imposer, dans sa polémique, tout journal sérieux;

Considérant que le nom de l'administration a été mêlé d'une manière au moins peu convenable à des discussions auxquelles elle était étrangère,

Arrêtons :

Art. 1er. Un premier avertissement est donné au journal l'*Ami de la Patrie*, du 11 août courant, en la personne du sieur Edmond Neveu, son rédacteur gérant.

Art. 2. M. le commissaire en chef de police est chargé de la notification du présent arrêté, qui sera imprimé en tête du premier numéro l'*Ami de la Patrie*.

Fait à Clermont-Ferrand, le 11 août 1852.

Le préfet du Puy-de-Dôme,

CREVECOEUR.

L'ORDRE DE DIJON.

Dijon, 12 août 1852.

Nous, préfet de la Côte-d'Or,

Vu le numéro 92, en date du 12 août courant du journal l'*Ordre*, contenant un article extrait de l'*Union*, commençant par ces mots : « Est-ce un bien, est-ce un mal que la vie politique s'amortisse dans un pays comme la France? » et terminé par ceux-ci : « L'objet de la politique est de développer la vie morale des peuples, non de la détruire; »

Vu l'article 32, § 3, du décret organique sur la presse, en date du 17 février 1852;

Considérant que cet article, conforme à l'esprit non équivoque du journal l'*Ordre*, a pour but de déprécier la Constitution du 14 janvier 1852, de faire croire aux lecteurs de cette feuille que le but du gouvernement est de porter atteinte aux droits du peuple, lorsque cette constitution elle-même a proclamé le suffrage universel, qui est la plus forte garantie de ces droits, et qu'une allusion au régime du Bas-Empire est un outrage au peuple lui-même et à la vérité,

Arrêtons :

Art. 1er. Un premier avertissement est donné au journal

l'*Ordre*, dans la personne de son rédacteur en chef gérant.

Art. 2. M. le commissaire central de police de Dijon est chargé de notifier à ce rédacteur le présent arrêté, qui devra être inséré en tête du premier numéro de ce journal.

Fait à Dijon, le 12 août 1852.

Le préfet de la Côte-d'Or,

Baron DE BRY.

GAZETTE DU LANGUEDOC.

Toulouse, 12 août 1852.

Nous, ministre de la police générale,

Vu le paragraphe 3 de l'art. 32 du décret organique sur la presse, en date du 17 février 1852;

Vu l'article publié par le journal la *Gazette du Languedoc*, le 12 août 1852, ledit article signé C. de Beauregard;

Attendu que le journal la *Gazette du Languedoc* a déjà reçu deux avertissements qui lui ont été donnés les 13 et 16 mai 1852, par M. le préfet de la Haute-Garonne,

Arrêtons :

Art. 1er. Aux termes du décret organique sur la presse

du 17 février 1852, la publication du journal la *Gazette du Languedoc* est suspendue pendant deux mois.

Art. 2. Le préfet de la Haute-Garonne est chargé de l'exécution du présent arrêté.

Paris, le 18 août 1852.

Le ministre de la police générale,

DE MAUPAS.

GAZETTE DE FRANCE.

14 août 1852.

Nous, ministre de la police générale,

Vu l'art. 32 du décret organique sur la presse du 17 février 1852;

Vu l'article publié dans le journal la *Gazette de France*, le 14 août 1852, ledit article signé Brisset;

Attendu que cet article contient, sur de prétendues modifications ministérielles, des assertions complétement erronées et de nature à semer des doutes sur les véritables intentions du pouvoir,

Arrêtons :

Art. 1er. Aux termes de l'art. 32 du décret organique sur la presse, un premier avertissement est donné à la

Gazette de France, dans la personne de MM. Brisset et Aubry-Foucault, gérant dudit journal.

Art. 2. Le préfet de police est chargé de l'exécution du présent arrêté.

Fait à Paris, le 14 août 1852.

Le ministre de la police générale,

DE MAUPAS.

LE PROGRÈS, DIT COURRIER DE LA BRETAGNE.

Rennes, 14 août 1852.

Nous, préfet d'Ille-et-Vilaine,

Vu le numéro du journal le *Progrès*, en date du 14 août 1852 ;

Vu l'art. 32 du décret du 17 février dernier ;

Considérant qu'il n'est pas possible de laisser un journal se jouer impunément de l'opinion publique, en inventant ou dénaturant les faits, et en attribuant à l'administration des intentions qu'elle n'a jamais eues,

Arrêtons :

Art. 1er. Un premier avertissement est donné au *Progrès, dit Courrier de la Bretagne,* en la personne du sieur Duhain, gérant, et en celle du sieur Hamon, rédacteur.

Art. 2. M. le commissaire central de police est chargé de l'exécution du présent arrêté, qui sera imprimé en tête dudit journal avec des caractères semblables à ceux des deux premiers articles du 14 août.

Fait à Rennes, le 16 août 1852.

Le préfet d'Ille-et-Vilaine,

COMBE.

JOURNAL DE RENNES.

14 août 1852.

Nous, préfet d'Ille-et-Vilaine,

Vu le numéro du *Journal de Rennes,* en date du 14 août 1852;

Vu l'article 32 du décret du 17 février dernier;

Vu les réflexions faites sur la rectification prescrite par nous le 12 de ce mois;

Vu la discussion à laquelle se livre le rédacteur sur l'hérédité du pouvoir,

Arrêtons:

Art. 1er. Un second avertissement est donné au *Jour-*

nal de Rennes, dit *Écho de la Bretagne*, en la personne du sieur Gislais, gérant, et en celle du sieur Bart. Pocquet, rédacteur.

Art. 2. M. le commissaire central de police est chargé de l'exécution du présent arrêté, qui sera imprimé en tête du premier numéro du *Journal de Rennes*, avec les mêmes caractères que ceux des articles dont il s'agit.

Rennes, le 16 août 1852.

Le préfet d'Ille-et-Vilaine,

COMBE.

L'ÈRE NOUVELLE.

14 août 1852.

Nous, préfet de la Corse,

Vu l'art. 32 du décret du 17 février 1852 sur la presse ;

Considérant que le rédacteur gérant de *l'Ère nouvelle*, loin de céder à notre avertissement du 9 de ce mois, en a fait le texte d'un commentaire et d'une polémique qui aggravent ses premiers torts et exigent une répression nouvelle,

Arrêtons :

Art. 1er. Un second avertissement est donné au journal

l'Ère nouvelle, en la personne de M. Arrighi, son rédacteur gérant.

Art. 2. M. le commissaire de police de Bastia est chargé d'assurer l'exécution du présent arrêté, qui sera inséré en tête du prochain numéro de *l'Ère nouvelle*.

Fait à l'hôtel de la préfecture, à Ajaccio, le 14 août 1852.

Le préfet de la Corse,

C. THUILLIER.

L'ÉCHO DE L'AVEYRON.

Rodez, 14 août 1852.

Nous, préfet de l'Aveyron,

Vu l'art. 32 du décret organique sur la presse en date du 17 février dernier ;

Vu l'article publié par le journal *l'Écho de l'Aveyron*, dans son numéro du 14 août, commençant par ces mots : « La fête que l'on va célébrer, » et finissant par ceux-ci : « Celles où les libertés nationales ont été immolées à l'ambition d'un seul homme, » signé C. de Beauregard ;

Attendu que cet article contient des insinuations malveillantes et injurieuses contre le gouvernement,

Arrêtons :

Art. 1er. Aux termes du décret organique sur la presse du 17 février 1852, un deuxième avertissement est donné à *l'Écho de l'Aveyron,* dans la personne de MM. C. de Beauregard, rédacteur, et R. Acquier, gérant du journal.

Art. 2. Le conseiller de préfecture, secrétaire général de l'Aveyron, est chargé de l'exécution du présent arrêté.

Fait à Rodez, en l'hôtel de la préfecture, les jour, mois et an susdits.

Le préfet de l'Aveyron,
Jules RAMPAUD.

———

LA RÉPUBLIQUE.

Tarbes, 17 août.

Nous, préfet des Hautes-Pyrénées,

Vu l'article publié par le journal la *République,* de Tarbes, du 17 de ce mois, commençant par ces mots : « Trois prix ont été courus, » et finissant par ceux-ci : « Fussent l'objet de la moindre inconvenance; »

Vu le décret du 17 février 1852 ;

Considérant que le journal la *République* laisse percer depuis quelque temps une hostilité mal déguisée envers l'autorité départementale ; que l'article dont il est parlé ci-dessus, notamment, dépasse les bornes d'un compte rendu loyal et véridique, et contient, dans une intention perfide et malveillante, des insinuations de nature à exciter la mésintelligence entre diverses autorités et à faire croire au public que cette mésintelligence existe,

Arrêtons :

Art. 1er. Un premier avertissement est donné au journal la *République*, de Tarbes, dans la personne de son imprimeur gérant, signataire de l'article.

Art. 2. M. le commissaire de police de Tarbes est chargé de la notification du présent arrêté, qui devra être inséré en tête du plus prochain numéro du journal.

Fait à Tarbes, le 18 août 1852.

Le préfet des Hautes-Pyrénées,

O. MASSY.

LA LIBERTÉ,

JOURNAL DU NORD DE LA FRANCE.

Arras, 27 août.

Nous, préfet du Pas-de-Calais,

Vu l'article 32 du décret organique sur la presse en date du 17 février 1852 ;

Vu les instructions de M. le ministre de la police générale, en date du 18 août 1852 ;

Vu l'article publié par la *Liberté, Journal du nord
de la France*, le 27 août dernier, commençant par ces
mots : « Le *Midi*, journal légitimiste, » et finissant par
ceux-ci : « Tôt ou tard la France s'en souviendra et
saura en tenir compte, » ledit article signé Pavoisne de
Launay ;

Attendu que cet article contient des insinuations calomnieuses contre le gouvernement,

Arrêtons :

Art. 1er. Aux termes du décret organique sur la presse
du 17 février 1852, un premier avertissement est donné
à la *Liberté, Journal du nord de la France*, dans la
personne de MM. Eugène Martin, gérant, et Pavoisne de
Launay, rédacteur du journal.

Art. 2. Le secrétaire général du Pas-de-Calais est
chargé de l'exécution du présent arrêté.

Arras, le 29 août 1852.

Le préfet du Pas-de-Calais,

Comte Victor DU HAMEL.

LA PRESSE.

31 août 1852.

Nous, ministre de la police générale,

Vu l'art. 32 du décret organique sur la presse en date du 17 février 1852 ;

Vu l'article publié par le journal la *Presse*, le mardi 31 août, commençant par ces mots : « Vous faites comparaître ce matin...., » et finissant par ceux-ci : « Vous les calomniez et vous mentez, » ledit article signé Émile de Girardin ;

Considérant que cet article contient contre les actes du gouvernement des insinuations calomnieuses,

Arrêtons :

Art. 1er. Aux termes du décret organique sur la presse du 17 février 1852, un second avertissement est donné au journal la *Presse*, dans la personne des sieurs Émile de Girardin, rédacteur, et Rouy, gérant de ce journal.

Art. 2. Le préfet de police est chargé de l'exécution du présent arrêté.

Paris, le 1er septembre 1852.

Le ministre de la police générale,

DE MAUPAS.

LE CORSAIRE.

Décret du 8 septembre 1852.

Louis-Napoléon, Président de la République,

Sur le rapport du ministre de la police générale ;

Vu l'art. 32 de la loi du 17 février 1852,

Décrète :

Art. 1er. Le journal le *Corsaire* est et demeure supprimé.

Art. 2. Le ministre de la police générale est chargé de l'exécution du présent décret.

Fait au palais de Saint-Cloud, le 8 septembre 1852.

Le Président de la République,

LOUIS-NAPOLÉON.

LA LIBERTÉ.

Arras, 10 septembre 1852.

Nous, préfet du Pas-de-Calais,

Vu l'article 32 du décret organique sur la presse en date du 17 février 1852 ;

Vu l'article publié par le journal la *Liberté*, le 10 septembre courant, et commençant par ces mots : « *Correspondance particulière,* » et signé E. Martin ;

Attendu que cet article contient des nouvelles fausses et de nature à troubler la tranquillité publique,

Arrêtons :

Art. 1er. Aux termes du décret du 17 février 1852, un second avertissement est donné au journal d'Arras, la *Liberté*, dans la personne de M. E. Martin, rédacteur gérant.

Art. 2. M. le conseiller de préfecture, secrétaire général de la préfecture du Pas-de-Calais, est chargé de l'exécution du présent arrêté.

Fait à Arras, le 12 septembre 1852.

Le préfet du Pas-de-Calais,

Comte VICTOR DU HAMEL.

COURRIER DE LYON.

26 septembre 1852.

Nous, préfet du Rhône,

Vu l'article inséré dans le journal le *Courrier de Lyon*, du 27 septembre 1852, commençant par ces mots :

« Si les relations sont on ne peut meilleures avec le gouvernement français, il n'en est malheureusement pas ainsi avec la cour de Rome, etc., etc. » et finissant par ceux-ci : « Mais l'homme propose et Dieu dispose; »

Vu l'article inséré dans le même journal, numéro du 28 septembre 1852, commençant par ces mots : « Laissant de côté les nouvelles secondaires, je passe à un fait qui, s'il était bien constaté, serait de la plus haute importance, etc., » et finissant par ceux-ci : « Et que les peureux conseillers de Pie IX aient abusé de sa faiblesse, comme ils en abusèrent il y a quatre ans, et l'aient décidé à prendre la direction de Gaëte ou de Naples; »

Considérant que ces articles contiennent la reproduction de nouvelles fausses et mensongères, qui sont de nature à porter atteinte à l'honneur du gouvernement français ;

Vu l'article 32 du décret du 17 février 1852 sur la presse,

Arrêtons :

Art. 1er. Un premier avertissement est donné au journal le *Courrier de Lyon*, en la personne du sieur Jouve, propriétaire gérant de cette feuille, et en celle du sieur Maisonneuve, rédacteur.

Pour le préfet empêché,

Le secrétaire général,

CH. MENCHE DE L'OISNE.

L'INDICATEUR DU NORD.

Lille, 11 octobre 1852.

Nous, préfet du Nord, commandeur de la Légion d'honneur et de l'ordre de Charles III d'Espagne,

Vu les articles publiés dans le journal l'*Indicateur du Nord* dans ses numéros des 4 et 11 de ce mois,

Arrêtons :

Art. 1er. Un premier avertissement est donné à l'*Indicateur du Nord*, dans la personne de M. Crépeaux, rédacteur gérant de ce journal.

Art. 2. Le conseiller de préfecture, secrétaire général, est chargé de l'exécution du présent arrêté.

Fait à Lille, le 13 octobre 1852.

Le préfet du Nord,

BESSON.

LE MAINE.

Le Mans, 13 octobre 1852.

Nous, préfet de la Sarthe,

Vu l'article inséré dans le dernier numéro du journal

le *Maine* : « *Chronique électorale : Avis aux maires dans l'embarras;* »

Vu l'article 32 du décret organique sur la presse du 17 février 1852;

Considérant que l'article ci-dessus, qui est signé par un ouvrier imprimeur appelé P. Esnault, lequel prend la qualité de gérant du journal, contient des détails les plus erronés et les plus ridicules sur les élections au conseil général dans la commune de C..., arrondissement de Saint-Calais;

Considérant que ladite publication, faite près de trois mois après les élections, témoigne une hostilité systématique et préméditée;

Considérant qu'il importe de rappeler la presse aux convenances et au respect de l'autorité,

Arrêtons :

Art. 1er. Un premier avertissement est donné au journal le *Maine*, dans la personne du nommé P. Esnault, ouvrier imprimeur, se disant gérant responsable.

Art. 2. Le commissaire central de police du Mans est chargé de la notification et de l'exécution du présent arrêté, qui sera inséré dans le numéro du *Maine* de ce jour.

Fait au Mans, hôtel de la préfecture, le 13 octobre 1852.

Le préfet de la Sarthe,

A. PRON.

GAZETTE DE LYON.

18 octobre 1852.

Nous, préfet du Rhône,

Vu l'article inséré dans le journal la *Gazette de Lyon*, du 18 octobre 1852, commençant par ces mots : « Maintes fois nous avons eu à signaler la persistance avec laquelle les entrepreneurs du chemin de fer de Paris à Lyon continuent leurs travaux le dimanche, » et finissant par ceux-ci : « Et nous nous plaisons à en trouver une garantie dans les paroles prononcées dernièrement par le Président à Bordeaux; »

Considérant que cet article repose sur un fait faux, puisque, si le gouvernement, se préoccupant vivement de l'amélioration morale de l'ouvrier, a prescrit, à moins d'une autorisation spéciale, l'interdiction du travail les dimanches et les jours fériés pour les ouvriers employés à la journée au compte de l'administration ou au compte d'entrepreneurs ayant traité avec l'administration, le gouvernement n'a pas entendu cependant que cette interdiction aurait force de loi pour les particuliers, ainsi que l'avis inséré au *Moniteur universel* du 9 juin 1852 le constate ;

Considérant que les entrepreneurs du chemin de fer de

Paris à Lyon relèvent d'une compagnie particulière, et que leur cahier des charges a été rédigé avant la circulaire ministérielle en date du 20 novembre 1851 ;

Considérant que l'article précité de la *Gazette de Lyon* fait supposer que l'administration manque à tous ses devoirs en laissant impunément outrager les ordonnances du pouvoir et afficher publiquement le mépris de l'autorité ;

Vu l'art. 32 du décret du 17 février 1852 sur la presse,

Arrêtons :

Art. 1er. Un premier avertissement est donné au journal la *Gazette de Lyon*, dans les personnes des sieurs Honnorat et Hyvernat, gérants de cette feuille, et dans celle de M. Noël Le Mire, rédacteur.

Le préfet du Rhône,

BRET.

L'ÉMANCIPATEUR DE CAMBRAI.

19 novembre 1852.

Nous, préfet du Nord, commandeur de la Légion d'honneur et de l'ordre de Charles III d'Espagne,

Vu le numéro 160 du journal *l'Émancipateur*, qui a

été publié à Cambrai, sous la date du 19 novembre 1852 ;

Attendu que l'article sous la rubrique *France*: Que doivent faire ceux qui partagent nos convictions au scrutin du 21 novembre? commençant par ces mots : « Voilà la question, » et finissant par ceux-ci : « Vive le roi ! » et signé Henri Carion, constitue un grave manquement à l'ordre public et une attaque contre le respect dû aux lois et l'inviolabilité des droits qu'elles ont consacrés,

Arrêtons :

Art. 1er. Un second avertissement est donné au journal *l'Émancipateur de Cambrai*, en la personne du sieur Henri Carion, rédacteur gérant.

Art. 2. M. le sous-préfet de Cambrai est chargé de l'exécution du présent arrêté.

Fait à Lille, le 21 novembre 1852.

Le préfet du Nord,

BESSON.

LE MAINE.

6 décembre 1852.

Nous, préfet de la Sarthe,

Vu l'art. 32 du décret du 17 février 1852 ;

Considérant que le numéro du journal le *Maine*, daté

du 6 décembre, et publié seulement le 7, pendant notre absence momentanée, contient un article commençant par ces mots: « Hier, l'Empire, etc., » et finissant par ceux-ci : « Le soir, les édifices publics ont été illuminés. »

Considérant que ledit article est conçu dans les termes les plus inconvenants, que les réflexions ridicules et les réminiscences odieuses dont il est accompagné, ont pour objet de dénaturer le caractère d'une solennité imposante,

Avons arrêté :

Art. 1er. Un premier avertissement est donné au journal le *Maine*, dans la personne du nommé P. Esnault, correcteur d'imprimerie et gérant dudit journal.

Art. 2. M. le commissaire central de police est chargé de l'exécution du présent arrêté.

Au Mans ce 15 décembre 1852.

Le préfet de la Sarthe,

A. PRON.

L'UNION DE L'OUEST.

Angers, 9 décembre 1852.

Nous, préfet de Maine-et-Loire,

Vu le décret organique sur la presse, en date du 17 février 1852 ;

Vu le numéro du journal l'*Union de l'Ouest* du 9 décembre 1852;

Attendu que ce journal contient, sous le titre : *Bruits et nouvelles*, des nouvelles complétement fausses et erronées, signées Arthur de Cumont,

Arrêtons :

Un premier avertissement est donné à l'*Union de l'Ouest*, dans la personne de MM. Arthur de Cumont, rédacteur, et Réné aîné, gérant du journal.

Fait à Angers, le 10 décembre 1852.

Le préfet de Maine-et-Loire,

VALLON.

LA GAZETTE DU MIDI.

Marseille, 28 janvier 1853.

Nous, préfet des Bouches-du-Rhône,

Vu l'article organique de la loi sur la presse en date du 17 février 1852;

Vu l'article publié par la *Gazette du Midi*, dans son numéro du 27 janvier 1853, et signé E. Roux, commençant par ces mots : « Les journaux de Paris publient, et finissant par ceux-ci : « Les Constitutions du premier Empire ; »

Attendu que cet article contient des assertions complétement fausses,

Arrêtons :

Art. 1er. Un premier avertissement est donné à la *Gazette du Midi*, dans la personne des sieurs Roux, rédacteur, et Lieutaud, gérant de ce journal.

Art. 2. Le conseiller de préfecture, secrétaire général des Bouches-du-Rhône, est chargé de l'exécution du présent arrêté.

Marseille, le 29 janvier 1853.

Le préfet des Bouches-du-Rhône,

SULEAU.

LA GAZETTE DE FRANCE.

12 février 1853.

Nous, ministre de la police générale,

Vu l'article 32 du décret organique sur la presse en date du 17 février 1852 ;

Vu l'article publié par la *Gazette de France* le 12 février 1853, sous le titre de *Résumé des nouvelles du jour*, dans lequel se trouvent les lignes suivantes :

« Un fait qui est passé inaperçu à Paris, et que nous révèle la presse de province, est la visite rendue par la police au domicile de M. de Rothschild ; »

Attendu qu'aucune visite de cette nature n'a eu lieu chez M. de Rothschild, et que par conséquent le fait articulé dans ces lignes est entièrement faux,

Arrêtons :

Aux termes de l'art. 32 du décret du 17 février 1852, un premier avertissement est donné au journal la *Gazette de France*, dans la personne du sieur Aubry-Foucault, gérant, et M. J. Brisset, rédacteur de ce journal.

Le ministre de la police générale,

DE MAUPAS.

———

Le *Moniteur du Loiret* (Orléans),

L'*Impartial de la Meurthe et des Vosges* (Nancy),

L'*Espérance du Peuple* (Nantes) ,

Le *Journal de Rennes*.

Ces quatre journaux ont reçu chacun un avertissement pour la même cause et dans les mêmes formes que la *Gazette de France* du 12 février 1853.

———

LE PILOTE DU CALVADOS.

15 février 1853.

Nous, préfet du Calvados,

Vu l'article 32 du décret organique sur la presse du 17 février 1852;

Vu un article qui vient seulement de nous être communiqué, et qu'a publié, le 15 de ce mois, sous le titre de *Revue de Caen*, le journal le *Pilote du Calvados;*

Considérant qu'en parlant de l'événement pour lequel la France, et en particulier le département, ont manifesté leurs hommages de respectueuse sympathie et leurs vœux empressés pour l'Empereur et l'Impératrice, ledit article s'exprime dans des termes aussi inexacts qu'inconvenants, en insultant au sentiment public,

Arrêtons :

Un avertissement, qui doit être inséré dans les termes textuels du présent acte, au prochain numéro du *Pilote,* est donné au sieur Charles Le Camus, gérant.

L'avertissement sera signifié également, après constatation de l'identité, à l'auteur de l'article signé L.-A. Basset.

Fait à Caen, le 19 février 1853.

Le préfet du Calvados,

Pierre LE ROY.

LA MODE.

25 février 1853.

Nous, ministre de la police générale,

Vu le décret organique sur la presse du 17 février 1852 ;

Vu l'article publié par le journal la *Mode*, dans son numéro du 25 février dernier, sous le titre : *A M. le baron* ***, *à Amsterdam*, et signé : le vicomte d'Arlincourt ;

Attendu que certains passages de cet article sont un outrage à la souveraineté nationale,

Arrêtons :

Art. 1er. Un premier avertissement est donné au journal la *Mode*, dans la personne de MM. le vicomte d'Arlincourt, rédacteur, et Hermann, gérant de cette feuille.

Art. 2. M. le préfet de police est chargé de l'exécution du présent arrêté.

Paris, le 1er mars 1853.

Le ministre de la police générale,

DE MAUPAS.

L'ASSEMBLÉE NATIONALE.

28 février 1853.

Nous, ministre de la police générale,

Vu le décret organique sur la presse du 17 février 1852 ;

Vu l'article publié par le journal l'*Assemblée nationale*, dans son numéro du 28 février dernier, ledit article commençant par ces mots : « Nous ne voulons pas prolonger la discussion, » et finissant par ceux-ci : « La raison et le bon sens protestent également, » signé A. Letellier ;

Attendu que dans le cours de cet article cette feuille nie le principe du droit national sur lequel repose le gouvernement impérial,

Arrêtons :

Art. 1er. Un premier avertissement est donné au journal l'*Assemblée nationale*, dans la personne de MM. Letellier, rédacteur, et Pommier, gérant de cette feuille.

Art. 2. M. le préfet de police est chargé de l'exécution du présent arrêté.

Paris, le 1er mars 1853.

Le ministre de la police générale,

DE MAUPAS.

LA PRESSE.

1ᵉʳ mars 1853.

Nous, ministre de la police générale,

Vu le décret organique sur la presse du 17 février 1852 ;

Vu les articles publiés par le journal la *Presse*, les 26 et 27 février, et 1ᵉʳ mars dernier, sous ce titre : *Pourquoi la République a cessé d'exister*, articles signés de Girardin ;

Attendu que dans ces articles le journal la *Presse* fait un appel indirect à une forme de gouvernement autre que celle qui a été fondée par la volonté nationale,

Arrêtons :

Art. 1ᵉʳ. Un premier avertissement est donné au journal la *Presse*, dans la personne de MM. E. de Girardin et Rouy, rédacteur et gérant de cette feuille ;

Art. 2. M. le préfet de police est chargé de l'exécution du présent arrêté.

Paris, le 1ᵉʳ mars 1853.

Le ministre de la police générale,

DE MAUPAS.

L'INTÉRÊT PUBLIC.

Tarbes, 8 mars 1853.

Nous, préfet des Hautes-Pyrénées,

Vu l'article inséré dans le numéro du 8 mars courant, du journal l'*Intérêt public*, commençant par ces mots : « Le décret organique de la presse, » et finissant par ceux-ci : « Aussi nous espérons ; »

Vu les articles 19 et 32 du décret du 17 février 1852 ;

Considérant que le journal l'*Intérêt public* persiste dans un système d'attaques et d'insinuations inconvenantes envers l'autorité départementale, système qui lui a valu déjà, au mois d'avril dernier, un premier avertissement dont il a été relevé par la clémence de l'Empereur ; que notamment dans l'article précité il taxe formellement d'injuste un acte de l'administration,

Arrêtons :

Art. 1er. Un premier avertissement est donné au journal l'*Intérêt public*, dans la personne du sieur Fouga, rédacteur gérant et signataire de l'article incriminé.

Art. 2. M. le commissaire de police de Tarbes est chargé de notifier au sieur Fouga le présent arrêté, qui devra, en outre, être inséré en tête du plus prochain numéro du journal.

Fait à la préfecture de Tarbes, le 10 mars 1853.

Le préfet des Hautes-Pyrénées,

O. Massy.

L'ASSEMBLÉE NATIONALE.

4 avril 1853.

Nous, ministre de la police générale,

Vu le décret organique sur la presse, en date du 17 février 1852 ;

Vu l'article publié par le journal l'*Assemblée nationale*, dans son numéro du 4 de ce mois, ledit article commençant par ces mots : « M. le comte de Chambord ; »

Considérant que les termes de cet article tendent à méconnaître la souveraineté nationale,

Arrêtons :

Art. 1er. Un deuxième avertissement est donné au journal l'*Assemblée nationale*, dans la personne du sieur Pommier, son gérant.

15*

Art. 2. Le préfet de police est chargé de l'exécution du présent arrêté.

Fait à Paris, le 6 avril 1853.

Le ministre de la police générale,

DE MAUPAS.

LA MODE.

4 avril 1853.

Nous, ministre de la police générale,

Vu l'article 32 du décret organique sur la presse, en date du 17 février 1853 ;

Vu le numéro publié le 5 avril 1853 par le journal la *Mode* ;

Considérant que ce journal, dans son numéro, loin de tenir compte du premier avertissement qui lui a été donné le 1er mars dernier, a persisté au contraire dans la voie qui avait motivé le premier avertissement,

Arrêtons :

Art. 1er. Un deuxième avertissement est donné au journal la *Mode*, dans la personne de M. Hermann, son gérant.

Art. 2. Le préfet de police est chargé de l'exécution du présent arrêté.

Fait à Paris, le 6 avril 1853.

Le ministre de la police générale,

DE MAUPAS.

L'ÉCHO DU NORD.

30 avril 1853.

Nous, préfet du Nord,

Vu le décret organique sur la presse, en date du 17 février 1852 ;

Vu les instructions de M. le ministre de la police générale, en date du 18 août 1852;

Vu l'article publié par le journal l'*Écho du Nord*, dans son numéro du 30 avril 1853, commençant par ces mots : « La presse tant de fois maudite, » et finissant par ceux-ci : « De cet aperçu historique ; »

Considérant qu'il contient des attaques aussi injustes que violentes contre la législation sur la presse,

Arrêtons :

Art. 1er. Un premier avertissement est donné à l'*Echo*

du Nord, en la personne de M. Alexandre Leseux, rédacteur gérant de ce journal.

Fait à Lille, le 30 avril 1853.

Le préfet du Nord,

BESSON.

LE JOURNAL DE LA NIÈVRE.

24 mai 1853.

Nous, préfet de la Nièvre, officier de la Légion d'honneur,

Vu l'art. 32 du décret organique sur la presse du 17 février 1852 ;

Vu l'article du *Journal de la Nièvre*, publié dans le numéro du 24 mai 1853, sous le titre de *Revue de la semaine*, et signé Fay ;

Attendu que cet article tend à dénaturer les actes du gouvernement,

Arrêtons :

Art. 1er. Un premier avertissement est donné au *Journal de la Nièvre*, dans la personne du sieur Fay, rédacteur et gérant de cette feuille.

Art. 2. Le commissaire départemental est chargé de l'exécution du présent arrêté.

Fait à Nevers, le 29 mai 1853.

Pour le préfet de la Nièvre en tournée :

Le conseiller de préfecture délégué,

L. DU BROC.

L'INDICATEUR DU NORD.

Douai, 3 juin 1853.

Nous, préfet du Nord,

Vu le décret organique sur la presse en date du 17 février 1852 ;

Considérant que le journal l'*Indicateur du Nord*, qui se publie à Douai, contient, dans son numéro du 3 juin 1853, un article commençant par ces mots : « Le journal officiel, » et finissant par ceux-ci : « La lumière d'un coup de canon ; »

Considérant que l'auteur de cet article exprime des espérances coupables et anti-nationales,

Arrêtons :

Art. 1er. Un premier avertissement est donné à l'*Indi-*

cateur du Nord, en la personne de M. Crépeaux, rédacteur gérant de ce journal.

Fait à Lille, le 4 juin 1853.

Le préfet du Nord,

BESSON.

LA GAZETTE DU LANGUEDOC.

Toulouse, 15 juillet 1853.

Nous, préfet de la Haute-Garonne, chevalier de la Légion d'honneur,

Vu l'art. 32 du décret du 17 février 1852 et les instructions de Son Excellence le ministre de l'intérieur ;

Vu le numéro de la *Gazette du Languedoc* portant la
date du 15 juillet 1853 ;

Considérant que ce journal a publié dans le numéro
précité, sous le titre : *A Monseigneur le comte de Chambord*, une pièce qui, n'empruntant rien à la forme ordinaire des articles de presse, est un véritable manifeste
dans lequel le signataire, parlant au nom d'une collec-
tion d'individus, déclare que ce parti est uni de pensées
et de sentiments pour espérer que le comte de Chambord
sera le sauveur de la France ;

Considérant qu'en présentant ainsi la patrie comme
étant en péril, en disant à un prétendant : « Vous savez

que vous avez ici des amis vrais et sûrs, vous savez que toutes les pensées sont en ce moment tournées vers vous, comme nous savons que la vôtre est tournée vers nous. Vous comprenez comme nous avons compris, et dans ce jour heureux, ici et dans l'exil, le même vœu, le même cri s'échappe de toutes les poitrines : *Que Dieu sauve la France !* »

Considérant qu'en prenant la précaution d'imprimer en lettres capitales cette dernière phrase, le rédacteur a pris soin d'appeler sur la pensée qu'elle renferme toute l'attention de ses lecteurs;

Considérant que cet espoir de commotions nouvelles, ce concours promis aux tentatives qui pourraient les amener, sont une atteinte portée à la volonté nationale dont le gouvernement de l'Empereur est la légitime expression, avons arrêté ce qui suit :

Art. 1er. Un deuxième avertissement est donné à la *Gazette du Languedoc*, en la personne des sieurs Leroy, gérant dudit journal, et Bénézet, signataire de l'article.

Art. 2. M. le commissaire départemental est chargé de l'exécution du présent arrêté, qui sera immédiatement signifié pour être inséré en tête du plus prochain numéro de la *Gazette du Languedoc*.

Fait à l'hôtel de la préfecture, le 15 juillet 1853.

Le préfet de la Haute-Garonne,

S. MIGNERET.

L'ESTAFETTE.

11 août 1853.

Nous, ministre de l'intérieur,

Vu le décret organique sur la presse du 17 février 1852;

Vu l'article inséré dans l'*Estafette*, du 11 août 1853, sous le titre de *Bulletin financier*, signé Lange;

Attendu que cet article, outre des nouvelles fausses, contient des imputations calomnieuses contre de hauts fonctionnaires de l'État;

Sur le rapport du directeur de la sûreté générale,

Arrêtons :

Art. 1er. Un premier avertissement est donné au journal l'*Estafette*, dans la personne de M. V. Lange, rédacteur, et de M. A. Dumont, directeur gérant.

Art. 2. M. le préfet de police est chargé de l'exécution du présent arrêté.

Fait à Paris, le 11 août 1853.

Le ministre de l'intérieur,

F. DE PERSIGNY.

LA PATRIE.

12 août 1853.

Nous, ministre de l'intérieur,

Vu le décret organique sur la presse du 17 février 1852 ;

Vu l'article du journal la *Patrie*, en date du 12 de ce mois, signé A. Basset ;

Attendu que, dans cet article, ce journal publie des nouvelles de Constantinople qu'une dépêche télégraphique de Trieste aurait apportées ;

Considérant que, si les faits annoncés sont probables, néanmoins l'avis positif qu'on en donne n'est arrivé par le télégraphe, à Paris, ni dans une dépêche publique, ni dans une dépêche privée ;

Considérant qu'il ne saurait être permis de propager, même de bonne foi, de prétendues dépêches télégraphiques, sans en avoir vérifié l'existence ;

Sur le rapport du directeur de la sûreté générale,

Arrêtons :

Art. 1er. Un premier avertissement est donné au journal la *Patrie*, dans la personne de M. A. Basset, rédacteur, et de M. Garat, gérant.

Art. 2. M. le préfet de police est chargé de l'exécution du présent arrêté.

Fait à Paris, le 13 août 1853.

Le ministre de l'intérieur,

DE PERSIGNY.

LA FOI BRETONNE.

16 août 1853.

Nous, préfet des Côtes-du-Nord,

Vu le décret organique sur la presse du 17 février 1852;

Vu l'article du journal la *Foi Bretonne*, en date du 16 de ce mois, signé H. Raison du Cleuzion, commençant par ces mots : « Bonaparte, dans tout l'éclat de sa puissance, » et finissant par ceux-ci : « Nous donner la clef de beaucoup d'événements contemporains ; »

Attendu que cet article contient une insulte à la mémoire de l'empereur Napoléon Ier et une excitation au mépris du gouvernement actuel,

Arrêtons :

Art. 1er. Un deuxième avertissement est donné au journal la *Foi Bretonne*, dans la personne de M. H. Raison du Cleuzion, rédacteur, et de F. Thibault de la Guichardière, gérant.

Art. 2. Cet arrêté sera inséré en tête du premier numéro du journal la *Foi Bretonne.*

Fait à Saint-Brieuc, 22 août 1853.

Le préfet des Côtes-du-Nord,

RIVAUD DE LA RAFFINIÈRE.

COURRIER DE MARSEILLE.

11 septembre 1853.

Nous, préfet des Bouches-du-Rhône,

Vu l'article signé L. Barile, publié dans le numéro du 11 septembre du journal le *Courrier de Marseille*, commençant par ces mots : « Nous sommes loin d'avoir épuisé la série d'inconvénients qui s'attachent au port de la Joliette, » et se terminant par ceux-ci : « Non moins que ceux que l'avenir tend à développer; »

Vu les art. 32 et 19 du décret du 17 février 1852;

Considérant que l'article précité du *Courrier de Marseille* contient le récit de faits complétement faux;

Que dans le même article des faits sans importance ont été singulièrement exagérés;

Que ces récits faux et exagérés peuvent éloigner de Marseille les capitaines dont les navires, par la nature de leur cargaison, sont astreints à décharger dans le port de la Joliette ;

Que déprécier le port de la Joliette, c'est aussi déprécier les terrains qui l'entourent et qui doivent être cédés à la ville de Marseille, pour le prix en provenant être employé en travaux d'utilité générale et communale;

Considérant que si l'administration peut laisser entièrement libre la discussion de toutes les questions qui se rattachent aux ports de Marseille et aux établissements destinés à les compléter, elle ne doit cependant pas tolérer que, dans cette discussion, on prétende invoquer comme arguments des faits controuvés et de nature à compromettre à la fois et les intérêts généraux du commerce français et les intérêts municipaux d'une des villes les plus importantes de l'Europe,

Arrêtons :

Art. 1er. Un premier avertissement est donné au journal le *Courrier de Marseille*, en la personne de M. L. Barile, rédacteur gérant dudit journal.

Art. 2. Le présent avertissement sera inséré en tête du plus prochain numéro du *Courrier de Marseille*.

Fait à Marseille, le 18 septembre 1853.

Le préfet des Bouches-du-Rhône,

CRÈVECOEUR.

LE CONSTITUTIONNEL.

19 septembre 1853.

Nous, ministre de l'intérieur,

Vu le décret organique sur la presse du 17 février 1852 ;

Vu l'article publié par le journal le *Constitutionnel*, dans son numéro du 19 de ce mois, sous le titre de : *Bulletin hebdomadaire de la Bourse de Paris*, et signé Paradis ;

Attendu que, sans tenir compte des avis officieux qui lui ont été donnés, ce journal persiste, dans un but de spéculation privée, à exalter systématiquement certaines entreprises industrielles et à en déprécier d'autres, en les discréditant à l'aide d'appréciations erronées et malveillantes ;

Sur la proposition du directeur de la sûreté générale,

Arrêtons :

Art. 1er. Un premier avertissement est donné au journal le *Constitutionnel*, dans la personne de M. Paradis, rédacteur, et de M. Denain, gérant de cette feuille.

Art. 2. M. le préfet de police est chargé de l'exécution du présent arrêté.

Fait à Paris, le 21 septembre 1853.

Le ministre de l'intérieur,

J. DE PERSIGNY.

MONITEUR DU LOIRET.

22 septembre 1853.

Nous, préfet du Loiret,

Vu le décret organique sur la presse du 17 février 1852;

Vu l'article du *Moniteur du Loiret*, intitulé : *Résumé*, dans son numéro du 22 septembre courant ;

Attendu que le *Moniteur du Loiret* a reproduit des nouvelles fausses, inventées par la malveillance, pour faire croire à des désordres qui n'ont pas existé et à des manifestations coupables qui n'ont pas eu lieu contre les statues de l'Empereur et de l'Impératrice à Paris et au camp de Satory,

Arrêtons :

Art. 1er. Un deuxième avertissement est donné au *Moniteur du Loiret*, dans la personne de M. Lavedan, rédacteur et gérant de ce journal.

Art. 2. M. le commissaire départemental est chargé de l'exécution du présent arrêté.

Orléans, le 23 septembre 1853.

Le préfet du Loiret,
RÒSELLI.

LE CONCILIATEUR.

24 septembre 1853.

Nous, préfet du Tarn,

Vu l'article publié dans le n° 114 du journal le *Conciliateur du Tarn*, en date du 24 septembre dernier, signé V. de Perrodil, dans lequel se trouve au troisième paragraphe un passage commençant par ces mots : « A propos du dernier conseil, » et finissant par ceux-ci : « Telle est bien la vérité ; »

Considérant que le *Conciliateur du Tarn* a reproduit un récit inventé par un journal étranger, dans un but de malveillance évidente, pour essayer de faire croire que la France serait impuissante à soutenir au besoin son honneur s'il était engagé et qu'elle serait menacée de dangers imaginaires,

Arrêtons :

Art. 1er. Un premier avertissement est donné au journal le *Conciliateur du Tarn*, dans la personne de M. Victor de Perrodil, rédacteur en chef, et de M. Radière, gérant de cette feuille.

Art. 2. M. le commissaire de police d'Albi est chargé de l'exécution du présent arrêté.

Fait à l'hôtel de la préfecture, à Albi, le 10 octobre 1853.

Le préfet de Tarn,

E. MONTOIS.

L'AMI DE LA PATRIE.

Clermont-Ferrand, le 28 septembre 1853.

Nous, préfet du Puy-de-Dôme,

Vu les articles publiés dans le journal l'*Ami de la Patrie*, des 11, 13 et 28 septembre courant, et signés Disant, le premier commençant par ces mots : « Il est une époque, » et finissant par ceux-ci : « Être digne de fonder une république ; » le deuxième commençant par ces mots : « Il faut avouer..., » et finissant par ceux-ci : « Prenons notre plaisir en patience ; » et le troisième commençant par ces mots : « Dans les mémoires..., » et finissant par ceux-ci : « N'appartient qu'à Dieu ; »

Vu le décret organique sur la presse du 17 février 1852 ;

Considérant que ces articles contiennent des allusions contre le chef de l'État et contre son gouvernement ;

Considérant qu'ils sortent d'une discussion loyale,

Arrêtons :

Art. 1er. Un premier avertissement est donné au journal l'*Ami de la Patrie*, dans la personne de M. E. Disant, rédacteur, et de M. Stéphane Bayle, gérant.

Art. 2. M. le commissaire départemental est chargé de

la notification du présent arrêté, qui sera imprimé en tête du premier numéro de l'*Ami de la Patrie*.

Fait à Clermont-Ferrand, le 28 septembre 1853.

Pour le préfet du Puy-de-Dôme;

Le conseiller de préfecture,

TRIOZON.

PROGRÈS DU PAS-DE-CALAIS.

Arras, 29 septembre 1853.

Nous, préfet du Pas-de-Calais,

Vu l'article 32 du décret organique sur la presse en date du 17 février 1852;

Vu les circulaires de M. le ministre de la police générale, en date du 18 août 1852, et de M. le ministre de l'intérieur, en date du 28 juillet 1853;

Vu les instructions spéciales de M. le ministre de l'intérieur, en date de ce jour;

Vu les numéros du journal le *Progrès du Pas-de-Calais*, en date des 21, 24 et 29 septembre 1853, contenant :

Le premier, deux articles dont l'un commençant par ces mots : « Nos lecteurs désirent des détails, » et finissant par ceux-ci : « Le programme que nous reproduisons

16

ci-dessous ;» et l'autre commençant par ces mots: «D'après une note communiquée, » et finissant par ceux-ci : « Qui donc aura le droit de s'étonner de l'impolitesse administrative ? »

Le second, un article commençant ainsi : « Les deux journaux de la localité, » et finissant : « Dans bien des cœurs;»

Le troisième, un article intitulé : *Le service de la remonte*, commençant par ces mots : «Nous avons annoncé, » et finissant par ceux-ci : « D'audacieuses voleries ; »

Considérant que les articles ci-dessus visés ont soulevé la juste indignation des autorités municipales et militaires ;

Que les tendances générales du journal le *Progrès* ont également fait naître à plusieurs reprises de vives réclamations de la part des autorités religieuses et judiciaires;

Qu'il est nécessaire d'arrêter les rédacteurs de cette feuille dans la voie où ils se sont engagés,

Arrêtons :

Art. 1er. Aux termes du décret organique du 17 février 1852, un premier avertissement est donné au journal le *Progrès du Pas-de-Calais*, dans la personne de MM. Degeorge et Ayraud–Degeorge, rédacteur et gérant de ce journal.

Art. 2. M. le conseiller de préfecture, secrétaire général de la préfecture du Pas-de-Calais, est chargé de l'exécution du présent arrêté.

Arras, le 8 octobre 1853.

Le préfet du Pas-de-Calais,

Comte Victor DU HAMEL.

LE CONCILIATEUR DU TARN.

13 octobre 1853.

Nous, préfet du Tarn,

Vu le décret organique sur la presse du 17 février 1852;

Vu l'article publié dans le numéro 122 du journal le *Conciliateur du Tarn*, en date du 13 octobre 1853, signé S. Rodière, commençant par ces mots : « Politique du pouvoir, » et finissant par ceux-ci : « Ne nous trouvera jamais accessible; »

Considérant que, nonobstant un premier avertissement, le *Conciliateur du Tarn* continue une politique hostile et systématiquement malveillante,

Arrêtons :

Art. 1er. Un second avertissement est donné au *Conci-*

liateur du Tarn, dans la personne de M. S. Rodière, gérant de cette feuille.

Le préfet du Tarn,

F. MONTOIS.

LE LORIENTAIS-BRETAGNE.

19 octobre 1853.

Nous, préfet du Morbihan, officier de la Légion d'honneur,

Vu le numéro 111 du journal le *Lorientais-Bretagne*, daté du 19 octobre 1853, où il est dit qu'au dernier marché des grains de Vannes le prix du froment «a été porté jusqu'à 60 fr. et celui du seigle à 42 fr. ;»

Vu la mercuriale dudit marché qui fixe à 25 fr. 90 c. le prix de l'hectolitre de froment, et à 18 fr. 98 c. l'hectolitre de seigle ;

Vu l'article 32 du décret organique sur la presse ;

Considérant que le journal dont il s'agit, en exagérant le prix des céréales au moment où la population est préoccupée de la hausse des prix et des bruits d'accaparement, a répandu une fausse nouvelle de nature à troubler la paix publique,

Arrêtons :

Art. 1er. Un premier avertissement est donné à M. Daguineau, propriétaire gérant du journal le *Lorientais-Bretagne*.

Vannes, le 20 octobre 1853.

Le préfet du Morbihan,

BOULAYE.

LE SIÈCLE.

9 décembre 1853.

Nous, ministre secrétaire d'Etat au département de l'intérieur,

Vu l'article inséré par le journal le *Siècle*, dans son numéro du 9 de ce mois, relatif à l'arrestation du sieur Hubbart, avocat, commençant par ces mots : « L'*Indépendance Belge*, » et terminé par ceux-ci : « M. Hubbart n'est pas encore en liberté ; »

Attendu qu'en rendant compte de l'arrestation du sieur Hubbart, le *Siècle* présente cette mesure comme une atteinte portée aux franchises de la défense, tandis que le sieur Hubbart a été arrêté sous prévention d'affiliation à une société secrète ;

16*

Attendu que le *Siècle*, en dénaturant ainsi un acte de la justice ordinaire, tend à exciter à la haine et au mépris de l'autorité publique;

Sur le rapport du directeur de la sûreté générale,

Arrêtons :

Art. 1er. Un premier avertissement est donné au journal le *Siècle*, en la personne de M. E. Sougère, son gérant, et du sieur Texier, rédacteur, à raison de l'article ci-dessus mentionné.

Art. 2. Le préfet de police est chargé de l'exécution du présent arrêté.

Fait à Paris, le 12 décembre 1853.

Le ministre de l'intérieur,

F. DE PERSIGNY.

LE COURRIER DU BAS-RHIN.

11 décembre 1853.

Nous, préfet du Bas-Rhin,

Vu le numéro du *Courrier du Bas-Rhin*, en date du 11 décembre courant;

Vu la loi du 18 juillet 1837, ensemble le décret sur la presse en date du 17 février 1852;

Considérant que le *Courrier du Bas-Rhin*, dans le numéro susvisé, a contrevenu à la législation en matière de presse, en publiant *in extenso* et sans autorisation un rapport présenté au conseil municipal par M. Rau, au nom d'une commission municipale,

Arrêtons :

Art. 1er. Un premier avertissement est donné au journal de Strasbourg intitulé le *Courrier du Bas-Rhin*, en la personne des sieurs Cossat, rédacteur en chef, et Haummel, gérant dudit journal.

Art. 2. M. le commissaire départemental est chargé de l'exécution du présent arrêté.

Fait à Strasbourg, le 20 décembre 1853.

Le préfet du Bas-Rhin,

WETS.

LA FRANCE CENTRALE.

Blois, 15 décembre 1853.

Nous, préfet de Loir-et-Cher,

Vu le décret organique du 17 février 1852 ;

Considérant que, dans un article inséré dans le journal la *France Centrale*, du jeudi 15 décembre 1853, com-

mençant par ces mots : « Un arrêté préfectoral, » et finissant par ceux-ci : « Personne n'est entièrement frus-
tré, » l'arrêté du préfet du Loir-et-Cher, en date du 18 octobre 1853, approuvé par Son Excellence M. le ministre
de l'intérieur, qui accorde au *Journal de Loir-et-Cher*
le droit exclusif de publier les annonces judiciaires de
l'arrondissement de Blois, est apprécié d'une façon injurieuse ;

Qu'en effet il y est qualifié de *sévice*,

Arrêtons ce qui suit :

Art. 1ᵉʳ. Un premier avertissement est donné au journal la *France Centrale*, imprimé à Blois, en la personne
de M. Renard, rédacteur de l'article ci-dessus et gérant
dudit journal.

Art. 2. Cet avertissement sera inséré dans le premier
numéro dudit journal qui paraîtra immédiatement après
la notification qui sera faite du présent arrêté.

Art. 3. M. Suzanne, commissaire de police cantonal,
résidant à Blois, est chargé de l'exécution du présent
arrêté.

Blois, le 17 décembre 1853.

Le préfet de Loir-et-Cher,

CHANDENET.

L'INDÉPENDANT DE L'OUEST.

31 décembre 1853.

Nous, préfet de la Mayenne,

Vu le décret organique du 17 février 1852 ;

Vu le premier avertissement donné le 13 février 1853 au journal l'*Indépendant de l'Ouest*;

Vu les numéros de ce journal en date des 14, 18, 25 et 30 décembre courant;

Attendu qu'ils contiennent : le premier, un article signé : Charles Muller, commençant par ces mots : « La commune de Charchigné, » et finissant par ceux-ci : « Cette affaire; »

Le second, une lettre signée comte Xavier de Quatrebarbes, commençant par ces mots : « Vous avez peut-être, » et finissant par ceux-ci : « Mon entier dévouement; »

Le troisième, un article signé marquis de Hauteville, commençant par ces mots : « Malgré mon désir, » et finissant par ceux-ci : « Votre plus prochain numéro; »

Le quatrième, une lettre signée E. Daudet, commençant par ces mots : « Dans votre numéro du 20, » et finissant par ceux-ci : « L'assurance de ma parfaite considération ; »

Considérant que ces publications tendent à déconsidérer les dépositaires de l'autorité publique par des attaques injustes et passionnées,

Arrêtons :

Art. 1er. Un second avertissement est donné au journal l'*Indépendant de l'Ouest,* dans la personne du sieur Charles Muller, rédacteur gérant.

Fait à Laval, les jour, mois et an que dessus.

Le préfet de la Mayenne,

Le vicomte DE CHARNAILLES.

L'ÉCHO DE L'AVEYRON.

Rodez, 4 janvier 1854.

Nous, préfet de l'Aveyron,

Vu l'article 32 du décret organique sur la presse en date du 17 février 1852 ;

Vu le journal l'*Écho de l'Aveyron,* en date du 4 janvier 1854 ;

Vu l'article ayant pour titre *Chronique politique,* et contenant, malgré la forme vague dont le rédacteur cherche à les entourer, des insinuations perfides et hostiles au gouvernement ;

Vu notamment, dans le même article *Chronique po-litique*, le passage où, parlant de la célébration de la fête de Noël à Paris et dans les départements, il est dit qu'à Paris, « réduit à la condition de bête de somme, l'ouvrier ne connaît aucun repos dans cette ville; »

Attendu, en ce qui touche le compte rendu de la fête de Noël à Paris et dans les départements, que l'*Écho de l'Aveyron* insulte une classe de citoyens qui a droit à son respect ;

Considérant que l'*Écho de l'Aveyron* aurait pu être d'autant plus circonspect, qu'il vient de recevoir tout ré-cemment un premier avertissement, basé sur son déplo-rable système de dénigrement et d'hostilité ;

Considérant qu'il est du devoir du gouvernement de ne pas tolérer que les journaux se livrent à des écarts·in-dignes de la presse,

Arrêtons :

Art. 1er. Aux termes·du décret organique sur la presse du 17 février 1852, un second avertissement est donné à l'*Écho de l'Aveyron*, dans la personne de MM. Vi-groux, rédacteur, et R. Acquier, gérant de ce journal.

Art. 2. M. le commissaire départemental est chargé de l'exécution du présent arrêté.

Fait à Rodez, en l'hôtel de la préfecture, le 5 jan-vier 1854.

Le préfet de l'Aveyron,

L. SENCIER.

L'UNION FRANC-COMTOISE.

Besançon, 11 janvier 1854.

Nous, préfet du Doubs,

Vu l'article inséré dans le journal l'*Union Franc-Comtoise*, du 11 janvier courant, au sujet du décret qui prescrit la suppression du collége de Montaut;

Vu la loi du 17 février 1852 (art. 32) ;

Attendu que l'article plus haut visé, commençant par ces mots : « Il nous est permis aujourd'hui, » et finissant par ceux-ci : « Tous les partisans de la liberté d'enseignement, » contient une appréciation qui tend à faire considérer la mesure prise par le gouvernement à l'égard du collége de Montaut comme une violation flagrante de la Constitution ;

Attendu qu'une semblable discussion sort des limites de la légalité,

Arrêtons :

Art. 1er. Un premier avertissement est donné au journal l'*Union Franc-Comtoise*, dans la personne de son gérant, M. Jacquin.

Art. 2. Le présent arrêté sera notifié à ce gérant par M. le commissaire départemental de police.

Besançon, le 11 janvier 1854.

Le préfet du Doubs,

Comte DE LAPEYROUSE.

LE SPECTATEUR.

17 janvier 1854.

Nous, préfet de la Côte-d'Or,

Vu le numéro du *Spectateur de Dojn*, en date du 17 janvier 1854, contenant un article commençant par ces mots : « A l'apparition du décret du 29 décembre, » et terminé par ceux-ci : « Ne serait-il pas digne du gouvernement, auquel ils demandent avec instance de revenir lui-même sur un acte qui les afflige profondément, et qui, s'il était maintenu, les jetterait dans des doutes bien autrement graves que l'acte même qui les fait naître? »

Vu l'article 32 de la loi du 17 février 1852 ;

Attendu que le *Spectateur* reproduit un article de l'*Union Franc-Comtoise* qui a été l'objet d'un avertissement, et qu'en outre il l'accompagne de réflexions tendant à jeter un blâme sur un acte du gouvernement,

Arrêtons :

Art. 1er. Un premier avertissement est donné au *Spectateur de Dijon*, dans la personne de son gérant.

Art. 2. M. le commissaire départemental est chargé

de notifier à ce gérant le présent arrêté, qui devra être inséré en tête du premier numéro de son journal.

Fait à Dijon, le 23 janvier 1854.

Le préfet de la Côte-d'Or,

Baron DE BRY.

LA PATRIE.

16 février 1854.

Nous, ministre de l'intérieur,

Vu le décret organique sur la presse, en date du 17 février 1852 ;

Vu l'article publié par le journal la *Patrie*, dans son numéro du 15 février, commençant par ces mots : « Nous nous hâtons de constater l'impression prodigieuse, » et terminé par ceux-ci : « Laisser au sort des armes ce qui aurait pu être décidé par la raison ; »

Attendu que cet article contient des renseignements complétement faux ;

Sur le rapport du directeur de la sûreté générale,

Arrêtons :

Art. 1er. Un deuxième avertissement est donné au journal la *Patrie*, dans la personne de M. Garat, gérant, et de M. Charles Schiller, rédacteur.

Art. 2. M. le préfet de police est chargé de l'exécution du présent arrêté.

Paris, le 15 février 1854.

Le ministre de l'intérieur,

F. DE PERSIGNY.

L'ASSEMBLÉE NATIONALE.

4 mars 1854.

Nous, ministre de l'intérieur,

Vu l'article 32 du décret organique sur la presse du 17 février 1852;

Vu le premier avertissement donné le 1er mars 1853 au journal l'*Assemblée nationale*;

Vu le deuxième avertissement donné à ce même journal le 6 avril 1853;

Vu l'article publié par l'*Assemblée nationale*, dans son numéro du 4 mars, commençant par ces mots : « Le discours de l'Empereur, » et finissant par ceux-ci : « Est une condition nécessaire de force et de sécurité, » signé Letellier;

Considérant que, malgré les avertissements ci-dessus relatés et les avis officieux qui lui ont été récemment donnés, ce journal persiste dans la polémique antinationale qu'il soutient depuis le commencement de la question d'Orient;

Sur la proposition du directeur de la sûreté générale,

Arrêtons :

Art. 1er. Le journal l'*Assemblée nationale*, publié à Paris, est suspendu pour deux mois, qui commenceront le 6 mars courant.

Art. 2. Le préfet de police est chargé de l'exécution du présent arrêté.

Paris, le 4 mars 1854.

> Le ministre de l'intérieur,
> F. DE PERSIGNY.

GAZETTE DE LYON.

9 mars 1854.

Nous, conseiller d'État, chargé de l'administration du département du Rhône,

Vu l'article de la *Gazette de Lyon*, du 9 mars 1854, contenant au sujet de l'emprunt la phrase suivante :

« Cette somme de 250 millions *pourra suffire pendant trois mois* à la dépense de nos forces de terre et de mer en Turquie...»

. Considérant que cet article contient une nouvelle fausse et mensongère de nature à jeter l'inquiétude parmi les populations ;

Vu l'art. 32 du décret du 17 février 1852 sur la presse,

Arrêtons :

Art. 1er. Un premier avertissement est donné au journal la *Gazette de Lyon*, dans la personnne des sieurs Honnorat et Hyvernat, gérants de cette feuille, et Mayery, rédacteur.

Art. 2. M. le commissaire spécial, chef de la police politique, est chargé de notifier le présent arrêté aux sieurs Honnorat, Hyvernat et Mayery, avec injonction de l'insérer dans le plus prochain numéro de la *Gazette de Lyon*, conformément à l'art. 19 du décret précité.

Fait à Lyon, 10 mars 1854.

Pour le conseiller d'État chargé de l'administration du Rhône, empêché,

BÉLENGER.

LE LORIENTAIS-BRETAGNE.

10 mars 1854.

Nous, préfet du Morbihan, officier de la Légion d'honneur,

Vu notre arrêté du 20 octobre dernier, par lequel un

premier avertissement est donné au journal le *Lorien-tais-Bretagne*, dans la personne du sieur Daguineau, propriétaire gérant;

Vu le numéro 30 du même journal, daté du 10 mars 1854, et contenant à la troisième page un article commençant par ces mots : le *Laplace*, corvette à vapeur,» et finissant par ceux-ci : M. Cloué, lieutenant de vaisseau; »

Vu l'art. 32 du décret organique sur la presse, les diverses instructions ministérielles sur l'exécution de ce décret, et notamment celle du 27 janvier 1854;

Considérant que, malgré les avertissements officieux qui lui ont été donnés, le *Lorientais-Bretagne* persiste à publier, non-seulement les mouvements des navires de guerre, mais même les détails de service qui, par leur nature, doivent rester secrets,

Arrêtons :

Art. 1er. Un second avertissement est donné au sieur Daguineau, propriétaire gérant du journal le *Lorientais-Bretagne.*

Fait à Vannes, en l'hôtel de la préfecture, le 11 mars 1854.

Le préfet du Morbihan,

BOULAYE.

LA GAZETTE DE FLANDRE ET D'ARTOIS.

Lille, 14 mars 1854.

Nous, préfet du Nord,

Vu le numéro 62, lundi 13 et mardi 14 mars du journal la *Gazette de Flandre et d'Artois,* qui contient un article commençant par ces mots : « Hier, la France ne doit pas l'oublier, » signé V. de Carrière ;

Vu l'art. 32 du décret organique sur la presse en date du 17 février 1852 ;

Considérant que ledit article est en opposition avec le sentiment national; qu'il est rédigé dans un esprit éminemment hostile aux grandes et patriotiques manifestations de l'opinion publique,

Arrêtons :

Art. 1er. Un premier avertissement est donné à la *Gazette de Flandre et d'Artois,* en la personne de M. Arnold, directeur gérant de ce journal.

Fait à Lille, en l'hôtel de la préfecture, le 14 mars 1854.

Le préfet du Nord,

BESSON.

LE PÁPILLON.

Agen, 19 mars 1854.

Nous, préfet de Lot-et-Garonne, chevalier de la Légion d'honneur,

Vu le décret organique sur la presse du 17 février 1852;

Vu le premier avertissement donné par nous au journal le *Papillon;*

Vu l'article publié dans cette feuille, numéro du 19 mars courant, commençant par ces mots : « Notre barde vient de rentrer dans sa coquille, c'est-à-dire dans ses foyers, » et finissant par ceux-ci : « Heureux, cent fois heureux, dirons-nous, ceux qui savent ne pas s'oublier, tout en ayant l'air de s'occuper des autres ; »

Considérant que, malgré l'avertissement susvisé, ce journal persiste dans sa polémique acrimonieuse contre les personnes,

Arrêtons :

.Art. 1er. Un deuxième avertissement est donné au sieur Barrière, gérant du journal intitulé le *Papillon.*

Art. 2. M. le commissaire départemental est chargé de l'exécution du présent arrêté.

Fait à Agen, le 24 mars 1854.

Le préfet de Lot-et-Garonne,

Jules Ducos.

L'UNION.

20 mars 1854.

Nous, ministre de l'intérieur,

Vu l'art. 32 du décret organique sur la presse du 17 février 1852 ;

Vu l'article publié par le journal l'*Union*, dans son numéro du 20 mars, sous le titre de : *Revue des journaux*, et signé Émile Fontaine ;

Attendu que, malgré des avertissements officieux, ce journal persévère dans un système d'attaques injurieuses et de mauvaise foi contre les alliés de la France;

Sur la proposition du directeur de la sûreté générale,

Arrêtons :

Art. 1er. Un premier avertissement est donné au journal l'*Union*, dans la personne de MM. Mac Shechy, gérant, et Émile Fontaine, rédacteur.

Art. 2. Le préfet de police est chargé de l'exécution du présent arrêté.

Fait à Paris, le 20 mars 1854.

Le ministre de l'intérieur,

F. DE PERSIGNY.

LA PRESSE.

22 mars 1854.

Nous, ministre de l'intérieur,

Vu l'art. 32 du décret organique sur la presse du 17 février 1852;

Vu la note qui précède, signée Émile de Girardin;

Vu l'article publié dans le journal la *Presse*, dans son numéro du 22 mars 1854;

Attendu que cette publication, qui est en opposition directe avec la politique du gouvernement, a pour objet de semer la défiance entre des puissances unies pour une grande cause;

Sur la proposition du directeur de la sûreté générale,

Arrêtons :

Art. 1er. Un deuxième avertissement est donné au journal la *Presse*, dans la personne de M. Rouy, gérant, et de M. Émile de Girardin, rédacteur en chef.

Art. 2. Le préfet de police est chargé de l'exécution du présent arrêté.

Fait à Paris, le 22 mars 1854.

Le ministre de l'intérieur,

F. DE PERSIGNY.

L'EUROPÉEN,

Anciennement la *Presse religieuse.*

31 mars 1854.

Nous, ministre de l'intérieur,

Vu l'art. 32 du décret organique sur la presse du 17 février 1852 ;

Vu l'article publié par le journal l'*Européen*, dans son numéro du 31 mars, commençant par ces mots : « On s'est beaucoup entretenu d'une brochure, » et finissant par ceux-ci : « Resterait la possibilité de l'exécution ; »

Sur la proposition du directeur de la sûreté générale,

Arrêtons :

Art. 1er. Un premier avertissement est donné au journal l'*Européen*, dans la personne du sieur A. Martin, rédacteur et gérant de cette feuille.

Art. 2. Le préfet du Loiret est chargé de l'exécution du présent arrêté.

Paris, le 1er avril 1854.

Le ministre de l'intérieur,

F. DE PERSIGNY.

LE JOURNAL DES ÉCONOMISTES.

Mars 1854.

Nous, ministre de l'intérieur,

Vu l'art. 32 du décret organique sur la presse du 17 février 1852;

Vu l'article publié par le *Journal des Économistes*, dans son numéro du mois de mars 1854, sous le titre de : *De la taxe du pain et de la caisse de service*, et signé A. Pommier ;

Attendu que cet article cherche à discréditer, au profit d'intérêts privés, une institution créée dans un intérêt public ;

Sur la proposition du directeur de la sûreté générale,

Arrêtons :

Art. 1ᵉʳ. Un premier avertissement est donné au *Journal des Économistes*, dans la personne de MM. Guillaumin, gérant, et Pommier, rédacteur de ce journal.

Art. 2. Le préfet de police est chargé de l'exécution du présent arrêté.

Paris, le 5 avril 1854.

Le ministre de l'intérieur,

F. DE PERSIGNY.

LE JOURNAL DE LOUDÉAC.

29 avril 1854.

Nous, préfet des Côtes-du-Nord,

Vu le décret organique sur la presse du 17 février 1852;

Vu l'article inséré dans le *Journal de l'arrondissement de Loudéac*, numéro 268, le samedi 29 avril 1854, commençant par ces mots : « Dans votre numéro du 22 courant, vous avez inséré une lettre, etc., » et finissant par ceux-ci : « Dans sa première réunion, la commission avisera aux moyens à prendre pour assurer l'exécution de ces mesures ; »

Considérant que la polémique ouverte dans ce journal, au sujet des engrais industriels, est de nature à infirmer la valeur et les résultats des mesures de vérification prises par l'administration; qu'elle ne peut porter que l'indécision dans l'esprit des acheteurs et nuire ainsi considérablement à l'agriculture, en les détournant d'employer une substance dont les excellents effets, lorsqu'elle est de bonne qualité, ne sont pas contestables,

Arrêtons :

Art. 1er. Un premier avertissement est donné au *Journal de l'arrondissement de Loudéac*.

Art. 2. Cet arrêté sera inséré en tête du premier numéro du *Journal de l'arrondissement de Loudéac*.

Art. 3. M. le commissaire de police est chargé de l'exécution du présent arrêté.

Fait en la préfecture, à Saint-Brieuc, le 29 mai 1854.

Le préfet des Côtes-du-Nord,

RIVAUD DE LA RAFFINIÈRE.

L'ÉMANCIPATEUR DE CAMBRAI.

12 juillet 1854.

Nous, préfet du Nord,

Vu le décret organique sur la presse en date du 17 février 1852 ;

Vu les instructions en date du 18 août suivant ;

Vu l'article publié dans le journal l'*Émancipateur*, dans son numéro du 12 juillet 1854, commençant par ces mots : « Qu'est-ce qu'une nation ? » et finissant par ceux-ci : « Est impuissante à déraciner ce qui plonge, dans une nation, à la profondeur de quatorze siècles ! »

Considérant que la discussion à laquelle se livre ce journal est une attaque contre les droits que l'Empereur tient de la volonté nationale,

Arrêtons :

Art. 1ᵉʳ. Un premier avertissement est donné à

l'*Emancipateur, Journal de l'Appel au peuple dans le nord de la France*, en la personne de M. H. Carion, rédacteur gérant de ce journal.

Fait à Lille, le 12 juillet 1854.

Le préfet du Nord,

BESSON.

LE PAYS.

21 août 1854.

Nous, ministre de l'intérieur,

Vu l'article 32 du décret organique sur la presse du 17 février 1852 ;

Vu l'article publié par le journal le *Pays*, dans son numéro du 21 août, commençant par ces mots : « Nous recevons par la voie de Marseille, » et finissant par ceux-ci : « A qui la Turquie doit en grande partie ses réformes, » signé Félix Belly ;

Attendu que cet article renferme des allégations mensongères sur un prétendu refus de la part du gouvernement ottoman de l'intervention de la France et de l'Angleterre dans la garantie et la surveillance de l'emprunt turc ;

Attendu en outre que les attaques contenues dans cet article contre l'administration turque ne sauraient être tolérées par le gouvernement français;

Sur la proposition du directeur de la sûreté générale,

Arrêtons :

Art. 1er. Un premier avertissement est donné au journal le *Pays*, dans la personne de M. Félix Belly, rédacteur, et dans celle de M. Baraton, gérant.

Art. 2. Le préfet de police est chargé de l'exécution du présent arrêté.

Paris, le 21 août 1854.

Le ministre de l'intérieur,

BILLAULT.

LE MÉMORIAL BORDELAIS.

17 octobre 1854.

Nous, préfet de la Gironde, officier de l'ordre impérial de la Légion d'honneur,

Vu l'article 32 du décret organique sur la presse du 17 février 1852;

Vu l'article publié par le *Mémorial bordelais*, dans son numéro du 17 octobre 1854, signé Durand, et commençant par ces mots : « Nous avons annoncé dans un

de nos derniers numéros, » et finissant par ceux-ci :
« L'exemple de l'abnégation et du sacrifice; »

Considérant que cet article contient des insinuations malveillantes contre M. le maire de Bordeaux, qui, en toutes circonstances, a témoigné de sa fidélité aux devoirs municipaux et de son dévouement à ses concitoyens,

Arrêtons :

Art. 1er. Un premier avertissement est donné au journal le *Mémorial bordelais*, dans la personne de M. Durand, propriétaire gérant dudit journal.

Art. 2. M. le commissaire départemental est chargé de l'exécution du présent arrêté.

Fait à Bordeaux, en l'hôtel de préfecture, le 17 octobre 1854.

Le préfet de la Gironde,

E. DE MENTQUE.

LA TRIBUNE DE BEAUNE.

27 octobre 1854.

Monsieur,

Conformément aux ordres que m'a transmis M. le préfet par sa lettre du 24 de ce mois, et en vertu de l'article 5 du décret du 17 février 1852, j'ai l'honneur de vous inviter et, au besoin, de vous prescrire de cesser la publication de votre journal.

Recevez, monsieur, l'assurance de ma parfaite considération.

Le sous-préfet de la Côte-d'Or,

A. LABATUT.

COURRIER DE BOURGES.

31 décembre 1854.

Nous, préfet du Cher, chevalier de la Légion d'honneur,

Vu l'article 32 du décret organique sur la presse du 17 février 1852;

Vu un article sans signature, publié par le *Courrier de Bourges*, numéro du 31 décembre 1854, commençant par ces mots : « Le recensement des votes des 24 et 25 décembre... » et finissant par ceux-ci : « Qui, pour le plus grand nombre, avaient pour lui dévouement, reconnaissance, affection ! »

Considérant que signaler l'exercice loyal et mesuré que fait le gouvernement de ses droits d'adopter un candidat dans les élections législatives comme produisant les effets ou ayant la signification que lui attribue l'article du *Courrier de Bourges*, c'est tendre à égarer la conscience des électeurs, à alarmer à tort leur indépendance, toujours respectées, à diminuer la confiance que leur inspire le gouvernement de l'Empereur, et à porter atteinte à la considération du Corps législatif lui-même,

Arrêtons :

Art. 1er. Un premier avertissement est donné au *Courrier de Bourges*, dans la personne de M..Just-Besnard, gérant responsable, et dans celle de M. Hennequin, rédacteur en chef.

Art. 2. M. le commissaire de police de la ville de Bourges est chargé de la notification du présent arrêté, que le *Courrier de Bourges* sera tenu d'insérer en tête de son plus prochain numéro.

Fait à Bourges, hôtel de la préfecture, les jour, mois et an que dessus.

Le préfet du Cher,

Pastoureau.

L'AIGLE DES CÉVENNES.

20 janvier 1855.

Nous, préfet du Gard,

Vu l'article 32, § 3, du décret organique sur la presse en date du 17 février 1852 ;

Vu la circulaire ministérielle du 18 août 1852 ;

Vu le numéro 112 du journal l'*Aigle des Cévennes*, daté du samedi 20 janvier, et notamment l'article commençant par ces mots : « M. Julien, avocat, ancien maire d'Alais, » et finissant par ceux-ci : « La légitime douleur d'une famille éplorée. Adieu ! »

Considérant que cet article renferme une appréciation mensongère des faits qui ont provoqué la révocation de M. Julien, injurieuse pour l'autorité et de nature à faire prendre le change à l'opinion publique,

Arrêtons :

Art. 1er. Un premier avertissement est donné au journal l'*Aigle des Cévennes*, dans la personne du sieur J.-M. Toulousan, gérant responsable.

Art. 2. M. le sous-préfet d'Alais est chargé de l'exécution du présent arrêté.

Fait à Nîmes, le 30 janvier 1855.

Le préfet du Gard,

Baron DULIMBERT.

SPECTATEUR DE DIJON.

6 février 1855.

Nous, préfet de la Côte-d'Or,

Vu le numéro 16 du journal le *Spectateur de Dijon*,

en date du 6 février courant, contenant un article commençant par ces mots : « La question des biens ecclésiastiques, » et terminé par ceux-ci : « Reconnaître notre impuissance ; »

Vu l'art. 32 de la loi du 17 février 1852 ;

Considérant que cet article contient des attaques offensantes contre un gouvernement allié de la France ,

Arrêtons :

Art. 1er. Un second avertissement est donné au journal le *Spectateur de Dijon*, dans la personne de son gérant.

Art. 2. M. le commissaire central de police de cette ville est chargé de notifier à ce gérant le présent arrêté, qui devra être inséré en tête du premier numéro de son journal.

Fait à Dijon, le 8 février 1855.

Le préfet de la Côte-d'Or,

Baron DE BRY.

MESSAGER DE BAYONNE.

7 février 1855.

Nous, préfet des Basses-Pyrénées, officier de la Légion d'honneur,

Vu les art. 19 et 32 du décret organique du 17 février 1852 sur la presse ;

Vu l'article inséré dans le numéro du journal le *Mes sager de Bayonne*, du 7 février courant, commençant par ces mots : « L'honorable M. Vivensang, membre du conseil général du département des Landes, » et finissant par ceux-ci : « Comme il est déjà inscrit dans tous les cœurs qui comprennent la valeur d'un grand service rendu au pays; »

Attendu que ce journal, à propos d'une question d'intérêt local, cherche à exciter entre divers arrondissements un antagonisme regrettable,

Arrêtons :

Art. 1er. Un premier avertissement est donné au journal le *Messager de Bayonne*, dans la personne des sieurs Lasserc, gérant de cette feuille, et Rignon, signataire de l'article incriminé.

Fait à Pau, le 22 février 1855.

Le préfet des Basses-Pyrénées,

A. LAITY.

L'ÉCHO DE L'AUDE.

10 février 1855.

Nous, maître des requêtes, préfet de l'Aude,

Vu l'art. 32 du décret organique sur la presse du 17 février 1852;

Vu le numéro 336 du journal l'*Écho de l'Aude*, daté du samedi 10 février courant, et notamment l'article commençant par ces mots : « Par décision du 1er février, M. Bellemanière, docteur-médecin à Carcassonne, » et finissant par ceux-ci : « Que le produit soit employé à faire frapper des médailles qui rappellent à tous et notre deuil et notre reconnaissance ; »

Considérant que cet article renferme une appréciation inexacte et malveillante du décret impérial et de l'arrêté ministériel du 1er février qui ont décerné des récompenses à diverses personnes, pour les services par elles rendus dans le département de l'Aude, pendant le choléra de 1855,

Arrêtons :

Art. 1er. Un premier avertissement est donné au journal l'*Écho de l'Aude*, en la personne des sieurs Charles Falgous, signataire de l'article ci-dessus, et Barthe, gérant responsable.

Art. 2. Le présent arrêté sera, aux termes de l'art. 19 du décret précité, inséré en tête du plus prochain numéro du journal l'*Écho de l'Aude*.

Art. 3. M. le commissaire de police de Carcassonne est chargé de l'exécution du présent arrêté.

Fait à Carcassonne, le 11 février 1855.

Le préfet de l'Aude,

DABEAUX.

L'UNION DU VAR.

10 mars 1855.

Nous, préfet du Var, officier de la Légion d'honneur, commandant de l'ordre de Saint-Grégoire le Grand,

Vu l'art. 32 du décret organique sur la presse du 17 février 1852 ;

Vu l'article publié par le journal l'*Union du Var*, dans son numéro du 10 mars, commençant par ces mots : « Le gouvernement du Piémont, » et finissant par ceux-ci : « D'un hôtel des monnaies digne de lui, » et signé H. Maquau ;

Attendu que cet article contient des attaques violentes et diffamatoires contre un gouvernement allié de la France,

Arrêtons :

Art. 1er. Un premier avertissement est donné au journal l'*Union du Var*, dans la personne des sieurs Passy, gérant, et H. Maquau, rédacteur.

Le préfet du Var,

★★★

L'ESPÉRANCE DU PEUPLE.

25 avril 1855.

Nous, préfet de la Loire-Inférieure,

Vu le numéro 989 du journal l'*Espérance du Peuple*, publié le 25 avril courant;

Vu l'art. 32 du décret organique du 17 février 1852;

Considérant que dans l'article commençant par ces mots : «Nous entrons dans une nouvelle phase qu'il était facile de prévoir, » et finissant par ceux-ci : « Et senti l'étreinte sauvage des Cosaques, » l'*Espérance du Peuple* exagère à dessein les conséquences d'une guerre nationale;|

Que, dans le but de semer l'alarme, ce journal se livre à des allégations démenties par la prospérité publique et la confiance du pays,

Arrêtons :

Art. 1er. Un premier avertissement est donné au journal l'*Espérance du Peuple*, dans la personne de M. Emerand de la Rochette, signataire de l'article dont il s'agit, rédacteur en chef et gérant responsable du journal.

Art. 2. M. le commissaire central est chargé de l'exécution du présent arrêté.

Fait à Nantes, le 26 avril 1855.

Le préfet de la Loire-Inférieure,

Henri CHEVREAU.

LE PROGRÈS DU PAS-DE-CALAIS.

2 mai 1855.

Nous, préfet du Pas-de-Calais, officier de l'ordre im
périal de la Légion d'honneur,

Vu l'art. 32 du décret du 17 février 1852 ;

Vu l'article inséré dans le numéro 104 du journal le
Progrès du Pas-de-Calais, sous la date du 2 mai 1855,
commençant par ces mots : « Intolérance religieuse ; à
Monseigneur Parisis, évêque d'Arras, » et finissant par
ceux-ci : « *Et nunc erudimini qui judicatis terram,* »
Arrêtons :

Art. 1er. Un second avertissement est donné au journal le *Progrès du Pas-de-Calais*, dans la personne de
M. Ayraud-Degeorge, son rédacteur en chef.

Art. 2. Le commissaire de police d'Arras est chargé de
l'exécution du présent arrêté.

Fait à Arras, le 3 mai 1855.

Le préfet du Pas-de-Calais,

L. DE TANLAY.

L'INDÉPENDANT DE LA MOSELLE.

12 mai 1855.

Nous, préfet de la Moselle,

Vu l'art. 32 du décret organique sur la presse du 17 février 1852 ;

Vu l'article publié par le journal l'*Indépendant de la Moselle*, dans son numéro du 12 mai courant, commençant par ces mots : « Nous publions plus loin, » et finissant par ceux-ci : « Au-dessus de la puissance des artistes en constitution, » ledit article signé Chénard de Mazières ;

Attendu que cet article contient des attaques violentes et diffamatoires contre un gouvernement allié de la France,

Arrêtons :

Art. 1er. Un premier avertissement est donné au journal l'*Indépendant de la Moselle*, dans la personne de M. Chénard de Mazières, son rédacteur en chef et son gérant.

Le préfet de la Moselle,

G. MALHER.

LA GAZETTE DU MIDI.

13 mai 1855.

Nous, préfet des Bouches-du-Rhône,

Vu l'article 32 du décret organique sur la presse du 17 février 1852;

Vu le premier avertissement donné au journal la *Gazette du Midi*, le 13 septembre 1853; vu l'article publié dans son numéro du 13 mai 1855, commençant par ces mots : « Nous cédons la parole, » et finissant par ceux-ci : « Sur la noble terre de France, » et signé E. Roux;

Attendu que cet article contient des attaques injurieuses et diffamatoires contre un gouvernement allié de la France,

Arrêtons :

Art. 1er. Un second avertissement est donné au journal la *Gazette du Midi*, en la personne de M. Lieutaud, son gérant, et de M. Abel, son rédacteur en chef.

Art. 2. Le présent arrêté sera inséré en tête du plus prochain numéro de la *Gazette*.

Fait à Marseille, le 20 mai 1855.

Le préfet des Bouches-du-Rhône,

CRÈVECOEUR.

LA COLONISATION.

25 mai et 13 juin 1855.

Nous, préfet d'Alger, agissant en vertu de la délégation spéciale de M. le gouverneur général,

Vu l'article 32 du décret organique du 17 février 1852 sur le régime de la presse périodique;

Considérant que divers articles publiés dans le journal la *Colonisation*, notamment dans les numéros des 25 mai dernier et 13 juin courant, accusent dans la rédaction de ce journal de fâcheuses tendances qu'il importe de ne pas tolérer,

Arrêtons :

Article unique. Un premier avertissement est donné à M. Lardier, rédacteur gérant du journal la *Colonisation*.

Alger, le 14 juin 1855.

Pour le préfet en congé, le conseiller secrétaire, délégué,

CASTALLAT.

L'ÉCHO DE L'AUDE.

16 juin 1855.

Nous, préfet de l'Aude, chevalier de l'ordre impérial de la Légion d'honneur,

Vu l'art. 32 du décret organique du 17 février 1852 ;

Vu les deux articles publiés par l'*Écho de l'Aude*, dans son numéro du 16 juin 1855, le premier, commençant par ces mots : « L'*Écho de l'Aude* a été distribué, » et finissant par ceux-ci : « Fais ce que dois, advienne que pourra ; » le deuxième commençant par ces mots : « Nous avons adressé mercredi dernier, » et finissant par ceux-ci : « Ses droits d'écrivain indépendant ; » et signé Ch. Falgous,

Arrêtons :

Art. 1er. Un deuxième avertissement est donné au journal l'*Écho de l'Aude*, dans la personne du sieur Ch. Falgous, rédacteur en chef, et Barthe, gérant de ce journal.

Art. 2. Le présent arrêté sera, aux termes de l'art. 19 du décret précité, inséré en tête du plus prochain numéro du journal l'*Écho de l'Aude*.

Art. 3. M. le commissaire de police de Carcassonne est chargé de l'exécution du présent arrêté.

Fait à Carcassonne, ce 17 juin 1855.

Le préfet de l'Aude,

DABEAUX.

L'AMI DE LA PATRIE.

Clermont, 7 juillet 1855.

Nous, ministre de l'intérieur,

Vu l'article 32 du décret organique sur la presse du 17 février 1852;

Vu l'article publié dans l'*Ami de la Patrie*, dans son numéro du 7 juillet 1855, sous le titre de *Bulletin du jour*, et signé Georges Gandy;

Vu le premier avertissement donné à ce journal, en date du 28 septembre 1853;

Attendu que son article du 7 juillet est de nature à alarmer l'opinion publique, par l'exagération malveillante des faits qu'il rapporte;

Sur la proposition du préfet du Puy-de-Dôme,

Arrêtons :

Art. 1er. Un deuxième avertissement est donné au journal l'*Ami de la Patrie*, dans la personne des sieurs Hubler (Paul), gérant, et Gandy (Georges), rédacteur de ce journal.

Art. 2. Le préfet du Puy-de-Dôme est chargé de l'exécution du présent arrêté.

Paris, le 13 juillet 1855.

Le ministre de l'intérieur,

BILLAULT.

L'OPINION DU MIDI.

29 août 1855.

Nous, préfet du Gard,

Vu l'art. 32, § 3, du décret organique sur la presse du 17 février 1852 ;

Vu la circulaire ministérielle du 18 août 1852 ;

Vu le numéro 457 du journal l'*Opinion du Midi*, daté du 29 août, et notamment l'article commençant par ces mots : « Un congrès calviniste au Vigan. — Forts de l'assentiment de notre conscience, » et finissant par ceux-ci : « ..... Car protestation pour protestation, on conviendra que les plus fraîches ont encore plus de saveur et moins d'étroite scurrilité que celles qui datent de trois cents ans; »

Considérant que l'article, entaché d'une exagération mensongère, contient une provocation à la haine entre diverses classes de la société,

Arrêtons :

Art. 1er. Un premier avertissement est donné au journal l'*Opinion du Midi*, dans la personne de M. Soustille, son gérant, et dans la personne de M. Valladier, son rédacteur en chef.

Art. 2. Le commissaire central de police de Nîmes

est chargé de l'exécution du présent arrêté, qui sera inséré dans le journal l'*Opinion du Midi*.

Le préfet du Gard,
Baron DULIMBERT.

L'ÉCHO AGRICOLE.

18 septembre 1855.

Nous, ministre de l'intérieur,

Vu le décret organique sur la presse du 17 février 1852 ;

Vu la série des articles sur la question des subsistances, publiés par le journal l'*Écho agricole*, notamment les numéros des 15 et 18 septembre 1855 ;

Attendu que, nonobstant les avertissements officieux qui lui ont été donnés, l'*Écho agricole* n'a pas cessé de peser sur les transactions en matière de subsistances par une polémique systématiquement alarmante et de nature à produire une hausse factice ;

Sur le rapport du directeur de la sûreté générale,

Arrêtons :

Art. 1er. Un premier avertissement est donné à l'*Echo*

agricole, dans la personne de M. Pommier, rédacteur et gérant de ce journal.

Art. 2. M. le préfet de police est chargé de l'exécution du présent arrêté.

Le ministre de l'intérieur,

BILLAULT.

GAZETTE DU LANGUEDOC.

30-31 décembre 1855.

Nous, préfet de la Haute-Garonne,

Vu l'art. 32 du décret du 17 février 1852, et les instructions de Son Excellence le ministre de la guerre et de l'intérieur, en date du 6 janvier 1856 ;

Vu le numéro de la *Gazette du Languedoc*, portant la date des 30 et 31 décembre 1855 ;

Attendu que, dans le feuilleton dudit numéro, ce journal a rapporté des faits locaux d'une manière sciemment inexacte et attaqué une mesure prise par l'autorité dans l'intérêt du bon ordre et de la décence publique,

Arrêtons :

Art. 1er. Un premier avertissement est donné à la *Gazette du Languedoc*, en la personne du sieur Leroy, l'un des gérants responsables et signataire de l'article.

Art. 2. M. le commissaire central de police est chargé de l'exécution du présent arrêté qui sera immédiatement signifié, pour être inséré en tête du plus prochain numéro de la *Gazette du Languedoc.*

Fait à Toulouse, le 8 janvier 1856.

Le préfet de la Haute-Garonne,

G. WEST.

L'OBSERVATEUR DE LA CORSE.

25 janvier 1856.

Nous, préfet de la Corse,

Vu l'art. 32 du décret du 17 février 1852 ;

Vu l'article publié dans l'*Observateur de la Corse,* du 25 janvier 1856, commençant par ces mots : « On lit dans le *Journal de la Corse,* » et finissant par ceux-ci : « l'empire de l'égalité ; »

Considérant que cette polémique est de nature à exciter le mécontentement d'une classe de citoyens et à entraver l'exécution de la loi du 22 juin 1854, abolitive du parcours de la vaine pâture en Corse,

Arrêtons :

Art. 1er. Un premier avertissement est donné au journal l'*Observateur de la Corse*, en la personne du sieur V. Rigo, rédacteur de cette feuille.

Art. 2. M. le sous-préfet de Bastia est chargé d'assurer l'exécution du présent arrêté.

Fait à Ajaccio, le 26 janvier 1856.

Le préfet de la Corse,

C. THUILLIER.

L'ASSEMBLÉE NATIONALE.

31 janvier 1856.

Nous, ministre de l'intérieur,

En exécution des dispositions de l'art. 32 du décret organique sur la presse du 17 février 1852 ;

Vu l'article publié par le *Correspondant* dans son numéro du 25 janvier 1856, commençant par ces mots : « Nous sommes témoins depuis quelques années, » et finissant par ceux-ci : « Avec l'énergie des âmes libres, » et signé Albert de Broglie ;

Attendu que cet article a été reproduit par l'*Assemblée nationale*, dans ses numéros des 31 janvier, 1, 2 et 3 février 1856,

Sur la proposition du directeur général de la sûreté publique,

Arrêtons :

Art. 1er. Un premier avertissement est donné à l'*Assemblée nationale*, dans la personne de M. X. Pommier, gérant de cette feuille, et de M. Albert de Broglie, signataire de l'article.

Art. 2. Le préfet de police est chargé de l'exécution du présent arrêté.

Fait à Paris, le 6 février 1856.

Le ministre de l'intérieur,

BILLAULT.

GAZETTE DE L'ANGOUMOIS.

7 février 1856.

Nous, préfet de la Charente,

Vu l'article 32 du décret organique sur la presse du 17 février 1852 ;

Vu l'article publié par le *Correspondant* dans son numéro du 25 janvier 1856, commençant par ces mots : « Nous sommes témoins depuis quelques années, » et finissant par ceux-ci : « avec l'énergie des âmes libres, » et signé Albert de Broglie ;

Attendu que cet article a été reproduit par la *Gazette de l'Angoumois*, dans ses numéros des 2 et 7 février courant,

Arrêtons :

Art. 1er. Un premier avertissement est donné à la *Gazette de l'Angoumois*, journal des deux Charentes, dans la personne de M. Girard, gérant de cette feuille.

Art. 2. M. le commissaire central de police générale est chargé de l'exécution du présent arrêté.

Fait à Angoulême, le 9 février 1856.

Le préfet de la Charente,

D'ANDIGNÉ.

—————

L'ASSEMBLÉE NATIONALE.

28 février 1856.

Nous, ministre de l'intérieur,

Vu l'article 32 du décret organique sur la presse du 17 février 1852;

Vu le premier avertissement donné à l'*Assemblée nationale*, le 6 février;

Vu l'article publié par ce journal dans son numéro du 8 courant, commençant par ces mots : « Nous avons

déjà entretenu nos lecteurs, » finissant par ceux-ci :
« et nous nous en félicitons, » signé Letellier;

Considérant que l'*Assemblée nationale*, en attaquant dans cet article l'arrêt de la cour de cassation sur le colportage des bulletins électoraux, porte atteinte à l'autorité de la chose jugée,

Arrêtons :

Art. 1er. Un.deuxième avertissement est donné à l'*Assemblée nationale*, dans la personne de M. X. Pommier, gérant de ce journal, et de M. Letellier, signataire de l'article.

Art. 2. Le préfet de police est chargé de l'exécution du présent arrêté.

Fait à Paris, ce 29 mars 1856.

Le ministre de l'intérieur,

BILLAULT.

REVUE DE PARIS.

15 février, 15 mars et 14 avril 1856.

Nous, ministre de l'intérieur,

Vu l'article 32 du décret organique sur la presse du 17 février 1852;

Vu les articles publiés par la *Revue de Paris*, dans ses numéros des 15 février, 15 mars et 14 avril 1856;

Attendu que ce journal, malgré les avis officieux qui lui ont été donnés, persiste dans un système d'allusions perfides et d'intentions malveillantes ;

Sur la proposition du directeur général de la sûreté publique,

Arrêtons :

Art. 1er. Un premier avertissement est donné à la *Revue de Paris*, dans la personne de M. Maxime du Camp, gérant de ce journal.

Art. 2. Le préfet de police est chargé de l'exécution du présent arrêté.

Fait à Paris, le 14 avril 1856.

Le ministre de l'intérieur,

BILLAULT.

LES ANTILLES.

16 août 1856.

Nous, directeur de l'intérieur par *intérim*,

Vu l'arrêté local du 27 décembre 1853, sur le régime de la presse périodique ;

Vu le n° 65 du journal les *Antilles*, en date du 16 août du présent mois ;

Considérant que la publication en tête de ce numéro, d'une lettre de M. de Montalembert et d'une protestation de la princesse Clémentine d'Orléans, constitue la violation formelle des recommandations consignées dans les § 6, 7 et 8 de la circulaire adressée aux feuilles locales par le directeur de l'intérieur, sous la date du 31 décembre 1853, n° 503;

Décidons :

Art. 1er. Un premier avertissement est donné au journal les *Antilles*, dans la personne de son gérant responsable, M. H. Carles.

Art. 2. La présente décision sera insérée textuellement au *Moniteur* local et en tête du premier numéro des *Antilles*.

Fait à Fort-de-France, le 17 août 1856.

Le directeur de l'intérieur,

A. CAYTIER.

LA GAZETTE DU LANGUEDOC.

15 septembre 1856.

Nous, ministre de l'intérieur,

Vu l'article 32 du décret organique sur la presse du 17 février 1852 ;

Vu l'article publié par la *Gazette du Languedoc* dans son numéro du 15 courant, commençant par ces mots : « Nous avons parlé il y a peu de jours, » signé Benezet ;

Considérant que cet article contient une attaque directe contre les institutions du pays ;

Sur la proposition du directeur général de la sûreté publique,

Arrêtons :

Art. 1er. Un deuxième avertissement est donné au journal la *Gazette du Languedoc*, dans la personne de M. Benezet, rédacteur, et de M. Leroy, gérant responsable.

Art. 2. Le préfet de la Haute-Garonne est chargé de l'exécution du présent arrêté.

Fait à Paris, le 20 septembre 1856.

Le ministre de l'intérieur,

BILLAULT.

REVUE DE PARIS.

15 janvier 1857.

Nous, ministre de l'intérieur,

Vu l'art. 32 du décret organique sur la presse du 17 février 1852 ;

Vu les deux avertissements officiels donnés à la *Revue de Paris*, en date des 14 et 17 avril 1856;

Vu l'article publié dans son numéro du 15 janvier, intitulé *Le roi Frédéric-Guillaume IV*, et signé Appenheim;

Sur la proposition du directeur général de la sûreté publique,

Arrêtons :

Art. 1er. La *Revue de Paris* est suspendue pour un mois, à partir de la notification du présent arrêté.

Art. 2. Le préfet de police est chargé de l'exécution du présent arrêté.

Fait à Paris, le 24 janvier 1857.

Le ministre de l'intérieur,

BILLAULT.

LE PHARE DE LA LOIRE.

19 janvier 1857.

Nous, conseiller d'Etat, préfet de la Loire-Inférieure, commandeur de l'ordre impérial de la Légion d'honneur,

Vu l'art. 32 du décret organique sur la presse du 17 février 1852;

Vu l'article contenu dans le journal le *Phare de la*

Loire, numéro du 19 janvier courant, commençant par ces mots : « Nous recevons, » et signé E. Mangin ;

Ledit article rendant compte de la séance impériale d'ouverture de la session, et dans lequel on lit : « L'Empereur a prononcé ensuite le discours que nous avons publié, et qui, *d'après l'agence Havas*, a provoqué à plusieurs reprises les cris de *vive l'Empereur ! vive l'Impératrice ! vive le Prince impérial !*

Considérant que cette forme dubitative est inconvenante en présence de l'enthousiasme si éclatant que les paroles de l'Empereur ont inspiré aux grands corps de l'État et à tous les bons citoyens, et devient plus blâmable encore dans les circonstances présentes,

Arrêtons :

Art. 1er. Un avertissement est donné au journal le *Phare de la Loire* dans la personne de M. E. Mangin, signataire de l'article.

Art. 2. M. le commissaire central est chargé de l'exécution du présent arrêté, qui sera notifié par ses soins à M. E. Mangin.

Fait à Nantes, le 23 janvier 1857.

Pour le conseiller d'État, préfet de la Loire-Inférieure, empêché,

Le secrétaire général délégué,

Baron DE GIRARDOT.

L'ÉCHO DE L'AUDE.

Février 1857.

Par arrêté du ministre de l'intérieur en date du 6 février 1857, l'*Écho de l'Aude*, qui se publie à Carcassonne, a été suspendu pour deux mois. A la suite de cette mesure, l'*Écho de l'Aude* a annoncé qu'il cessait de paraître[1].

GAZETTE DE FRANCE.

9 février 1857.

Nous, ministre de l'intérieur,

Vu l'art. 32 du décret organique sur la presse du 17 février 1852 ;

Vu le premier avertissement donné à la *Gazette de France*, le 14 février 1853 ;

---

[1] Nous n'avons pu nous procurer le texte officiel de l'arrêté de suspension.

Vu l'article publié par ce journal dans son numéro du 9 février, commençant par ces mots : « Tous les journaux belges, » et signé de Lourdoueix ;

Considérant que cet article contient une attaque à la Constitution ;

Sur la proposition du directeur général de la sûreté publique,

Arrêtons :

Art. 1er. Un deuxième avertissement est donné à la *Gazette de France*, dans la personne de M. de Lourdoueix, directeur.

Art. 2. Le préfet de police est chargé de l'exécution du présent arrêté.

Fait à Paris, le 10 février 1857.

Le ministre de l'intérieur,

BILLAULT.

LE SIÈCLE.

24 février 1857.

Nous, ministre de l'intérieur,

Vu l'art. 32 du décret organique sur la presse du 17 février 1852 ;

Vu l'avertissement donné au journal le *Siècle*, en date du 12 décembre 1853 ;

Vu l'article contenu dans le numéro dudit journal en date du 24 février, intitulé : *La session*, commençant par ces mots : « Nous avons indiqué, etc. » et signé Léon Plée ;

Considérant que cet article contient des attaques contre le respect dû aux lois ;

Sur la proposition du directeur général de la sûreté publique,

Arrêtons :

Art. 1er. Un deuxième avertissement est donné au journal le *Siècle*, en la personne du sieur Sougère, gérant responsable, et du sieur Léon Plée, signataire de l'article.

Art. 2. Le préfet de police est chargé de l'exécution du présent arrêté.

Fait à Paris, le 24 février 1857.

Le ministre de l'intérieur,

BILLAULT.

LA PRESSE.

25 mars 1857.

Nous, ministre de l'intérieur,

Vu l'article 32 du décret organique sur la presse du 17 février 1852 ;

Vu le feuilleton intitulé *Daniella*, publié dans le journal la *Presse*, dans son numéro du 25 mars courant, et signé George Sand;

Considérant que ce feuilleton contient des attaques violentes contre le souverain pontife et son gouvernement;

Sur la proposition du directeur général de la sûreté publique,

Arrêtons :

Art. 1er. Un avertissement est donné à la *Presse*, dans la personne de M. H. Rouy, gérant, et de Mme George Sand, signataire du feuilleton.

Art. 2. Le préfet de police est chargé de l'exécution du présent arrêté.

Fait à Paris, le 25 mars 1856.

Le ministre de l'intérieur,

BILLAULT.

L'UNIVERS.

26 mars 1857.

Nous, ministre de l'intérieur,

Vu l'article 32 du décret organique sur la presse du 17 février 1852;

Vu l'article publié par l'*Univers*, dans son numéro du 26 courant, commençant par ces mots : « Nous avons espéré jusqu'au dernier moment, » et signé Dulac ;

Sur la proposition du directeur général de la sûreté publique,

Arrêtons :

Art. 1er. Un avertissement est donné à l'*Univers*, dans la personne de M. Barrier, gérant, et de M. Dulac, signataire de l'article.

Art. 2. Le préfet de police est chargé de l'exécution du présent arrêté.

Fait à Paris, le 26 mars 1857.

Le ministre de l'intérieur,

BILLAULT.

LA FOI BRETONNE.

30 avril 1857.

Nous, préfet des Côtes-du-Nord, officier de la Légion d'honneur,

Vu l'article 32 du décret organique sur la presse du 17 février 1852 ;

Vu le premier avertissement donné au journal la *Foi bretonne*, le 8 avril 1856 ;

Vu l'article publié par la *Foi bretonne* dans son numéro du 30 avril 1857, commençant par ces mots :

« L'événement du jour, c'est l'article de M. de Montalembert sur les appels comme d'abus, » et finissant par ceux-ci : « Personne, parmi eux du moins, n'a le droit d'être surpris ou mécontent de ce qui arrive, » et signé d'Urbin;

Considérant que cet article contient une excitation au mépris des lois et tend à semer la discorde entre l'État et l'Église,

Arrêtons :

Art. 1er. Un avertissement est donné à la *Foi bretonne*, dans la personne de M. Thibault de la Guichardière, gérant, et de M. d'Urbin, signataire de l'article.

Art. 2. Cet arrêté sera inséré en tête du premier numéro du journal la *Foi bretonne*.

Art. 3. Le commissaire de police de Saint-Brieuc est chargé de l'exécution du présent arrêté.

Fait à Saint-Brieuc, le 5 mai 1857.

Le préfet des Côtes-du-Nord,

J. RIVAUD DE LA RAFFINIÈRE.

L'UNION DU VAR.

4 avril 1857.

Nous, préfet du Var;

Vu l'article 32 du décret organique sur la presse du 17 février 1852;

Vu l'article publié par le journal l'*Union du Var*, dans son numéro du 4 avril courant, commençant par ces mots : « Si nous sommes bien informés, la grande affaire du chemin de fer dans le Var est terminée, » finissant par ceux-ci : « le *Communiqué* ci-dessus nous impose le devoir de ne pas répondre à cette question, » et signé P. Fassy ;

Attendu que cet article est très-inconvenant et très-malveillant pour les actes du gouvernement,

Arrêtons :

Art. 1er. Un avertissement est donné au journal l'*Union du Var*, dans la personne de M. Fassy, gérant et signataire de l'article.

Art. 2. Le commissaire de police de Draguignan est chargé de la notification du présent arrêté.

Fait à Draguignan, le 9 avril 1857.

Pour le préfet en congé :

Le conseiller de préfecture, secrétaire général délégué,

H. ANGLÈS.

COURRIER DE LA GIRONDE.

22 avril 1857.

Nous, préfet de la Gironde,

Vu l'article 32 du décret organique sur la presse du 17 février 1852 ;

Vu l'article publié par le journal le *Courrier de la Gironde*, dans son numéro du 22 avril courant, commençant par ces mots : « Un de nos confrères assure....., » et finissant par les lignes suivantes : « Voilà des précédents qui auraient dû nous faire considérer comme devant être certainement prise la décision que nous avions toujours tenue pour impossible, et qui est le digne couronnement de ses aînées ; »

Attendu que cet article est très-inconvenant dans sa forme, et malveillant pour le conseil municipal de Bordeaux,

Arrêtons :

Art. 1er. Un premier avertissement est adressé au journal le *Courrier de la Gironde*, dans la personne de M. Courraigne, gérant du journal et signataire de l'article.

Art. 2. Le commissaire central de police de Bordeaux est chargé de la notification du présent arrêté.

Fait à Bordeaux, le 24 avril 1857.

Le préfet de la Gironde,

E. DE MENTQUE.

LE CORRESPONDANT.

25 avril 1857.

Nous, ministre de l'intérieur,

Vu l'article 32 du décret organique sur la presse du 17 février 1852 ;

Vu le premier avertissement donné au journal le *Correspondant* le 6 février 1856 ;

Vu l'article publié par le *Correspondant* dans son numéro du 25 avril 1857, intitulé : *De l'appel comme d'abus;*

Considérant que cet article contient une excitation au mépris des lois et tend à semer le désordre entre l'État et l'Église ;

Sur la proposition du directeur général de la sûreté publique,

Arrêtons :

Art. 1er. Un premier avertissement est donné au *Correspondant* dans la personne de M. Ch. Douniol, gérant, et de M. de Montalembert, signataire de l'article.

Art 2. Le préfet de police est chargé de l'exécution du présent arrêté.

Fait à Paris, le 29 avril 1857.

Le ministre de l'intérieur,

BILLAULT.

L'UNION FRANC-COMTOISE.

28 avril 1857.

Nous, préfet du Doubs,

Vu le décret organique sur la presse en date du 17 février 1852 ;

Attendu que le journal l'*Union franc-comtoise* a reproduit dans son numéro du 28 avril dernier divers extraits de l'article de M. Montalembert sur l'appel comme d'abus ;

Que, bien que l'avertissement au *Moniteur*, le 30, ne fût pas connu à Besançon lorsque l'*Union franc-comtoise* a reproduit l'article en question, le rédacteur n'a pu se méprendre sur le caractère de cette publication,

Arrêtons :

Art. 1er. Un second avertissement est donné au journal l'*Union franc-comtoise*, dans la personne de M. Jacquin, gérant, et de M. Michel, rédacteur en chef.

Fait à Besançon, le 4 mai 1857.

Pour le préfet en tournée,

Le conseiller de préfecture délégué,

MOIRAN.

LE SIÈCLE.

17 juin 1857.

Nous, ministre de l'intérieur,

Vu l'article 32 du décret organique sur la presse du 17 février 1852 ;

Vu les avertissements donnés au *Siècle*, à la date des 12 décembre 1853 et 24 février 1857 ;

Vu l'article contenu dans le numéro du journal le *Siècle*, en date du 17 juin, commençant par ces mots : « Si l'on doutait, etc., » et signé L. Havin ;

Considérant que dans cet article le journal le *Siècle*, non content d'attribuer exclusivement aux candidats de l'opposition, qu'il qualifie de démocratique, le monopole des grands principes de 1789, impute aux électeurs qui voteront pour les candidats du gouvernement « de vouloir porter atteinte à la cause de la famille par le droit d'aînesse et par le mariage religieux, de menacer la propriété, en voulant établir sous le nom trompeur de liberté testamentaire le droit de dépouiller les enfants au profit des congrégations, de menacer la cause de l'égalité civile, la cause de la liberté de penser, de parler et d'écrire.... etc. ; »

Considérant que le gouvernement de l'Empereur, basé sur la souveraineté du peuple et sur les principes de

1789, fondements désormais inébranlables de la société française, ne saurait ainsi laisser calomnier les idées d'ordre et de progrès qu'il représente et la masse électorale qui les approuve ;

Que le journal le *Siècle*, atteint déjà par deux avertissements officiels, pourrait, aux termes des lois, être dès aujourd'hui suspendu, mais que le gouvernement, qui a laissé à la lutte électorale la plus grande latitude, ne veut pas, quoiqu'il en ait le droit, frapper aux derniers jours de cette lutte même l'un des organes les plus vifs et les plus agissants d'une opposition dont l'opinion publique appréciera la portée ;

Qu'il ne peut, toutefois, se dispenser de l'avertir qu'il ne laissera pas dénaturer, au profit d'une agitation stérile, les loyales intentions d'une politique qui fait la gloire, le calme et la sécurité du pays ;

Sur la proposition du directeur général de la sûreté publique,

Arrêtons :

Art. 1er. Un avertissement est donné au journal le *Siècle*, en la personne du sieur Sougère, gérant responsable, et du sieur Havin, signataire de l'article.

Art. 2. Le préfet de police est chargé de l'exécution du présent arrêté.

Fait à Paris, le 17 juin 1857.

Le ministre de l'intérieur,

BILLAULT.

LA VÉRITÉ.

1ᵉʳ juillet 1857.

Nous, ministre de l'intérieur,

Vu l'art. 32 du décret organique sur la presse du 17 février 1852 ;

Vu l'article inséré dans le journal la *Vérité* publié à Lille, à la date du 1ᵉʳ juillet 1857, commençant par ces mots : « Nous avons annoncé, » sous la signature Delecourt ;

Considérant que cet article attribue, faussement et à tort, aux incidents de la lutte électorale, la décision par laquelle la confiance de l'Empereur a appelé le préfet du Nord à l'administration du département des Bouches-du Rhône,

Arrêtons :

Art. 1ᵉʳ. Un premier avertissement est donné au journal la *Vérité*, de Lille, en la personne du sieur Delecourt, signataire de l'article, et du sieur Charles Lardin, propriétaire et directeur gérant.

Art. 2. Le préfet du Nord est chargé de l'exécution du présent arrêté.

Fait à Paris, le 1ᵉʳ juillet 1857.

Le ministre de l'intérieur,

BILLAULT.

L'ASSEMBLÉE NATIONALE.

7 juillet 1857.

Nous, ministre de l'intérieur,

Vu l'article 32 du décret organique sur la presse du 17 février 1852 ;

Vu les avertissements donnés au journal l'*Assemblée nationale*, en date des 1er mars 1853, 6 avril 1853 et 6 février 1856 ; .

Vu l'arrêté en date du 5 mars 1854, qui suspend pour deux mois ledit journal ;

Vu l'article inséré dans son numéro du 7 juillet 1857, ayant pour titre : « Un dernier mot sur les élections, » et signé A. Letellier, article dans lequel il est dit : « qu'il est difficile de voir dans les élections qui s'achèvent une de ces manifestations libres et spontanées de l'opinion publique qui ne laissent aux plus incrédules aucun moyen de douter de l'union du pays et de son gouvernement ; qu'il est commode, quand on s'adresse à la nation, de faire tout à la fois la demande et la réponse, mais qu'alors il ne faut pas invoquer cette réponse comme un témoignage éclatant de l'opinion publique ; que les communes rurales ont eu, il est vrai, une grande part au résultat général des élections, mais qu'elles ont voté sous l'action des influences administratives, et qu'il faut tenir compte de ces influences quand on veut mettre

en regard de l'opposition et de l'abstention qui se re-
marquent dans les villes l'empressement et la fidélité des
électeurs ruraux ; »

Considérant que ces allégations, quelles que soient
les habiletés de langage dont elles sont entourées dans
l'article dont il s'agit, sont à la fois fausses et malveillantes ; que la plus entière liberté a présidé à la lutte
électorale, et que le gouvernement ne peut laisser impunément calomnier les cinq millions de suffrages qui, sur
tous les points du territoire, dans les villes comme dans
les campagnes, lui ont donné leur loyal appui,

Arrêtons :

Art. 1er. Le journal l'*Assemblée nationale* est suspendu
pour deux mois, à partir du 8 juillet courant.

Art. 2. Le préfet de police est chargé de l'exécution
du présent arrêté.

Fait à Paris, le 7 juillet 1857.

Le ministre de l'intérieur,

BILLAULT.

L'ESTAFETTE.

7 juillet 1857.

Nous, ministre de l'intérieur,

Vu l'article 32 du décret organique sur la presse du
17 février 1852 ;

Vu l'article inséré dans le numéro de l'*Estafette* du 7 juillet 1857, sous le titre *Bulletin du jour* et sous la signature Dumont, contenant les paragraphes suivants :

« En dépit des assertions de certains journaux, nous maintenons ce que nous avons dit au sujet de la signification du vote de Paris. Oui, la capitale est l'expression politique de la France entière, parce que sa population se compose de citoyens recrutés dans les moindres centres de population. Oui, le vote du 22 juin, les nominations de MM. Goudchaux et Carnot, la majorité relative obtenue par M. le général Cavaignac ont une portée qui a été appréciée par toute la presse européenne ; »

Considérant que, sous le régime du suffrage universel, le respect dû à l'autorité de la majorité est un principe fondamental qu'il ne saurait être permis aux minorités de mettre en doute ;

Considérant que prétendre trouver l'expression politique de la France dans le vote de quelques colléges, quand elle a parlé tout entière et nettement exprimé son opinion, c'est attaquer l'autorité constitutionnelle des cinq millions de suffrages qui forment l'immense majorité acquise aux candidats du gouvernement,

Arrêtons :

Art. 1er. Un deuxième avertissement est donné au journal l'*Estafette* dans la personne de M. Dumont, directeur gérant du journal et signataire de l'article.

Art. 2. M. le préfet de police est chargé de l'exécution du présent arrêté.

Fait à Paris, le 7 juillet 1857.

Le ministre de l'intérieur,

BILLAULT.

LA FOI BRETONNE.

11 juillet 1857.

Nous, ministre de l'intérieur,

Vu l'article 32 du décret organique sur la presse du 17 février 1852 ;

Vu les deux avertissements officiels donnés au journal la *Foi bretonne*, le 8 avril 1856 et le 5 mai 1857 ;

Vu les articles publiés par cette feuille dans les numéros des 7 et 11 juillet courant, sous les signatures Thibault de la Guichardière et d'Urbin ;

Considérant que, dans le premier de ces articles, la *Foi Bretonne* ose dire que les élections, auxquelles ont pris part six millions d'électeurs, « ont été pour le gouvernement une victoire remportée là où les adversaires n'étaient pas sur le champ de bataille ; »

Considérant que, dans le second, elle déclare que la

suspension de deux mois qui a frappé l'*Assemblée na-tionale* attriste les hommes monarchiques et lui vaudra les plus augustes regrets,

Arrêtons :

Art. 1er. Le journal la *Foi bretonne* est suspendu pour deux mois, à partir de la notification du présent arrêté.

Art. 2. Le préfet des Côtes-du-Nord est chargé de l'exécution du présent arrêté.

Fait à Paris, le 15 juillet 1857.

Le ministre de l'intérieur,

BILLAULT.

LE LORIENTAIS-BRETAGNE.

29 juillet 1857.

Nous, préfet du Morbihan, officier de la Légion d'honneur,

Vu le n° 86 du journal le *Lorientais-Bretagne* daté du 29 juillet 1857, qui contient une correspondance commençant par ces mots : « Encore un débris de féodalité, » et finissant par ceux-ci : « Je vous demande si de 1830 à 1848 il n'y aurait pas eu profit, pour la mo-

rale publique et le bon sens, à ce que le serment politique fut supprimé ? »

Vu l'article 32 du décret organique sur la presse du
17 février 1852 ;

Considérant que la correspondance dont il s'agit contient une attaque formelle contre le serment politique
prescrit par l'article 14 de la Constitution,

Arrêtons :

Art. 1er. Il est donné un avertissement au sieur Daguineau, propriétaire-gérant du *Lorientais-Bretagne*.

Art. 2. M. le sous-préfet de Lorient est chargé de
l'exécution du présent arrêté.

Fait à Vannes, le 8 août 1857.

Le préfet du Morbihan,

BOULAGE.

LA PATRIE.

10 novembre 1857.

Nous, ministre secrétaire d'État au département de
l'intérieur,

Vu l'article 32 du décret organique sur la presse du
17 février 1852;

Vu l'article contenu dans le numéro du journal la *Patrie* en date du 10 novembre 1857, commençant par ces mots : « *La situation financière de la France,* » et demandant entre autres mesures le cours forcé des billets de banque en France, ledit article signé Delamarre;

Considérant que cet article est de nature à propager des alarmes mal fondées et à porter atteinte au crédit public,

Arrêtons :

Art. 1er. Un avertissement est donné au journal la *Patrie,* en la personne de M. Garat, gérant responsable, et de M. Delamarre, signataire de l'article.

Art. 2. Le préfet de police est chargé de l'exécution du présent arrêté.

Paris, le 10 novembre 1857.

Le ministre de l'intérieur,

BILLAULT.

LE SPECTATEUR.

15 novembre 1857.

Nous, ministre de l'intérieur,

Vu l'article 32 du décret organique sur la presse du 17 février 1852;

Vu le feuilleton contenu dans le numéro du journal le *Spectateur*, en date du 15 courant, sous la signature A. Achard;

Considérant que ce feuilleton contient le récit de faits radicalement faux,

Arrêtons :

Art. 1er. Un avertissement est donné au journal le *Spectateur*, dans la personne de M. Pommier, gérant, et de M. A. Achard, signataire de l'article.

Art. 2. Le préfet de police est chargé de l'exécution du présent arrêté.

Paris, le 15 novembre 1857.

Le ministre de l'intérieur,

BILLAULT.

LA PRESSE.

3 décembre 1857.

Nous, ministre de l'intérieur,

Vu l'article 32 du décret organique sur la presse du 17 février 1852;

Vu les avertissements donnés au journal la *Presse* en date des 1er mars 1853, 24 mars 1854, 26 mars 1857;

Vu l'article publié par le journal la *Presse* dans son numéro du 3 décembre courant, commençant par ces mots : « Dans les élections qui ont eu lieu, » sous la signature A. Peyrat, et dans lequel l'auteur, établissant de son chef *ce que sont les vœux, les dispositions et les intérêts* de ce qu'il appelle *le parti démocratique, le parti révolutionnaire,* prétend « qu'il y a, depuis quelques mois, dans la conscience universelle, un vague frémissement, » et ajoute : « Voici évidemment l'heure des résolutions décisives. Les problèmes qui préoccupent le monde politique se simplifient... les partis se serrent et se comptent... il semble que nous ayons tous entendu, d'un bout de l'Europe à l'autre, une voix qui nous crie : Levez-vous et marchez !... Devons-nous, vivant toujours de nos souvenirs et de nos regrets, nous enfoncer de plus en plus dans notre abattement ?... Le parti révolutionnaire doit-il imiter le parti légitimiste, que l'abstention a conduit à la nullité ?... Nous nous sommes comptés ; nous savons que nous sommes un grand parti dévoué à la révolution, etc. ; »

Considérant que, si insensées que soient de telles paroles au milieu de la paix profonde dont jouit le pays, on ne saurait cependant laisser quelques esprits turbulents prêcher en pleine liberté l'agitation et l'appel aux passions révolutionnaires ;

Considérant que, dans l'intérêt général, dans l'intérêt surtout de ces masses laborieuses dont nul jamais en

France ne s'est plus activement et plus efficacement préoccupé que l'Empereur, le gouvernement a le droit et le devoir de se montrer sévère contre les folies de ces prétendus démocrates, dont l'influence, s'ils en avaient jamais une, ne saurait qu'être funeste au bien-être et au progrès régulier de cette démocratie qu'heureusement ils sont désormais impuissants à agiter,

Arrêtons :

Art. 1er. Le journal la *Presse* est suspendu pour deux mois, à partir de ce jour 4 décembre courant.

Art. 2. Le préfet de police est chargé de l'exécution du présent arrêté.

Paris, le 4 décembre 1857.

Le ministre de l'intérieur,

BILLAULT.

LA GAZETTE DU LANGUEDOC.

5 décembre 1857.

Nous, préfet de la Haute-Garonne,

Vu le décret organique sur la presse du 17 février 1852 ;

Vu l'instruction ministérielle du 30 mars 1852, pour l'exécution de ce décret ;

Vu le jugement du tribunal de première instance de Toulouse, du 6 août 1857, et l'arrêt de la cour impériale de cette ville, du 26 novembre suivant, portant condamnation pour délit de presse contre le gérant responsable du journal la *Gazette du Languedoc;*

Vu une dépêche de M. le ministre de l'intérieur du 25 septembre dernier et la décision de Son Excellence du 1er décembre courant,

Arrêtons :

Art. 1er. Le journal la *Gazette du Languedoc* est supprimé.

Art. 2. M. le commissaire central est chargé de notifier le présent arrêté au sieur Leroy, gérant de la *Gazette du Languedoc.*

Le préfet de la Haute-Garonne,

C. WEST.

LES ANTILLES.

Fort-de-France, 25 décembre 1857.

Nous, général de division, gouverneur de la Martinique,

Vu la notification formelle faite aux éditeurs des journaux de la colonie dès le 20 avril 1857, en ce qui concerne l'immigration ;

Vu le numéro du journal les *Antilles* émis sous la date de ce jour ;

Vu l'art. 44 de l'ordonnance organique administrative de 1827-1853 ;

Sur le rapport du directeur de l'intérieur,

Avons décidé et décidons :

Art. 1er. L'autorisation en vertu de laquelle a lieu la publication du journal les *Antilles* est révoquée.

En conséquence, ce journal cessera de paraître désormais.

Art. 2. Le directeur de l'intérieur et le procureur général impérial sont chargés, chacun en ce qui le concerne, de l'exécution de la présente décision.

Fait à Fort-de-France, le 25 décembre 1857.

Le gouverneur de la Martinique,

Le comte L. DE FITTE DE SOUCY.

REVUE DE PARIS. — LE SPECTATEUR.

20 janvier 1858.

Rapport à l'Empereur.

Sire,

Quand un attentat comme celui du 14 janvier vient

effrayer le monde et montrer aux plus incrédules quelle sauvage anarchie voudrait, par l'assassinat, s'imposer à la France, chacun attend du gouvernement qu'il se recueille et pourvoie à de tels dangers.

Sans se laisser entraîner par l'indignation publique, il faut, avec cette modération calme mais ferme qui proportionne à la gravité du mal l'énergie des remèdes, se bien rendre compte du péril, et puis savoir agir.

Le péril flagrant, Sire, est dans cette inépuisable secte d'assassins se recrutant au grand jour, à quelques lieues de nos frontières, et envoyant en peu d'heures, jusqu'au cœur de Paris, ses séides et leurs effroyables instruments de mort.

Ce qui les encourage, ce qui encourage surtout ceux qui les payent et les dirigent, c'est le fol espoir dans lequel ils sont entretenus, que l'émeute, lorsqu'ils auraient brisé le bras puissant qui l'a déjà vaincue, leur livrerait Paris, la France, une partie de l'Europe. Cet espoir, sans fondement en face d'un gouvernement résolu, d'une armée dévouée, d'un peuple satisfait, ne se soutient, d'un côté, que par l'action d'une démagogie travaillant sans cesse à s'organiser, à répandre l'agitation; de l'autre, par l'imprudente opposition de ces débris des anciens partis qui attendent eux-mêmes, tout aussi follement, de l'anarchie une résurrection impossible.

Pour parer à une telle situation, diverses mesures vont être soumises à l'examen de Votre Majesté. Toute-

fois, il en est une que nos lois permettent dès aujour-
d'hui, c'est de ne plus permettre que certains journaux
soient, entre les mains de quelques meneurs, peu nombreux mais infatigables, les instruments quotidiens du
travail démagogique, les organes presque officiels de
toutes leurs excitations directes ou indirectes. Il ne faut
pas non plus que, d'un autre côté, attaquant sans relâche, sous des formes habilement déguisées, la nouvelle
dynastie et la constitution que s'est données le pays, on
s'obstine à montrer en espérance, comme des réalités
encore possibles et prochaines, des prétentions tombées
désormais sans retour dans le néant du passé.

Parmi les journaux français, il est facile de compter
quels sont ceux dont le travail, plus ou moins voilé,
prépare, autant qu'il est en eux, les voies à d'autres
espérances que celles de la durée de l'Empire.

Tant que la libre Angleterre a eu à redouter, pour la
famille qui règne aujourd'hui sur elle, les attaques ou
les intrigues d'un prétendant, cette liberté dont elle est
si fière s'est effacée derrière des rigueurs énergiques.
Votre gouvernement, Sire, est aujourd'hui, comme celui
d'Angleterre le fut longtemps encore après Guillaume III,
dans le cas évident de légitime défense : l'attentat du
14 janvier ne le prouve que trop. Nous manquerions à
notre devoir si, dès à présent, nous ne nous servions
pas, dans l'intérêt de la société, des armes que la législation nous donne, et je viens demander à Votre Majesté

de faire immédiatement du décret de 1852 sur la presse une application sévère.

Une revue qui, fondée à peine depuis deux ans comme organe politique, a, dès le lendemain du jour où je l'avais autorisée, oublié les engagements formels pris par ses gérants, et livré ses colonnes aux plus détestables inspirations de la démagogie, la *Revue de Paris*, cherche aujourd'hui à se faire le centre d'une sorte d'agitation par correspondances dont le gouvernement vient de trouver les traces dans plusieurs départements ; elle continue d'ailleurs avec constance son œuvre de propagande, et son dernier numéro contient encore la glorification des souvenirs et des espérances de la pensée républicaine. Depuis deux ans plusieurs fois avertie, puis suspendue, elle ne peut désormais être que supprimée ; le décret du 17 février 1852 permet cette suppression, et je propose à Votre Majesté de la prononcer.

Un journal qui, sous une tout autre bannière, n'a cessé, depuis le rétablissement de l'Empire, de faire, aux nouvelles institutions qu'a sanctionnées la volonté nationale, une guerre sourde mais continue, le *Spectateur* (l'ancienne *Assemblée nationale*), persistant à tenir levé drapeau contre drapeau, trouve, hier encore, au milieu des paroles d'horreur que lui inspire l'attentat du 14 janvier, l'occasion de protester de nouveau en faveur *des principes qu'il défend*, et, sans tenir compte de l'histoire, oubliant l'assassinat d'Henri III, d'Henri IV et du duc de Berry, il ajoute « qu'autrefois ces détestables passions trouvaient un frein dans cette loi salutaire de la monarchie qui, en plaçant au-dessus de tous les changements et de toutes les ambitions le principe de l'hérédité, rendait ces crimes inutiles et leur ôtait en quelque sorte toute raison de se produire... » C'est par trop oublier que l'hérédité de la couronne, dans la famille impériale, est le principe fondamental écrit par huit millions de suffrages dans notre Constitution.

Ce journal, déjà averti cinq fois, et deux fois suspendu, me semble devoir être aussi, lui, frappé de suppression.

Ces mesures de sévérité, Sire, sont légitimes. Le gouvernement d'une grande nation ne doit pas plus se laisser miner sourdement par les habiletés de la plume qu'attaquer violemment par les brutalités sauvages des conspirations.

Le décret que je vous propose ne fera que justice à l'égard de ceux qu'il atteint; il sera de plus un avertissement pour d'autres.

Je suis avec un profond respect, Sire, de Votre Majesté, le très-fidèle et très-obéissant serviteur et sujet.

Le ministre de l'intérieur,

BILLAULT.

Décret.

Napoléon,

Par la grâce de Dieu et la volonté nationale, Empereur des Français,

A tous présents et à venir, salut.

Sur le rapport de notre ministre secrétaire d'État au département de l'intérieur;

Vu les dispositions de l'article 32 du décret organique des 17-23 février 1852;

Vu les avertissements officiels donnés à la *Revue de Paris* les 14 et 17 avril 1856;

Vu la suspension qui lui a été infligée le 24 janvier 1857;

Vu les articles publiés par cette revue dans les numéros des 1er mars, 15 avril, 1er mai, 1er août, 15 août, 15 novembre, 15 décembre 1857, sous les titres :

L'individu et l'État;

Chronique (Robespierre et Danton);

L'âme du bourreau;

La royauté en déshabillé;

Histoire des paysans;

Camille Desmoulins et M. Marc Dufraisse;

Les drames du pauvre;

Chroniques (Eugène Sue, Mazzini);

La Hongrie en 1857;

La religion et l'avenir;

Vu l'article publié dans le numéro du 15 janvier 1858,

commençant par ces mots : « Il est des époques qui semblent mortes, » et signé Laurent Pichat ;

Vu les avertissements officiels donnés au journal le *Spectateur* (ancienne *Assemblée nationale*) les 1er mars 1853, 6 avril 1853, 6 février 1856, 29 mars 1856 et 11 novembre 1857 ;

Vu les deux suspensions infligées à ce journal les 5 mars 1854 et 7 juillet 1857 ;

Vu l'article publié dans le numéro du 17 janvier 1858, commençant par ces mots : « A la première nouvelle de l'attentat, » et signé Letellier,

Avons décrété et décrétons ce qui suit :

Art. 1er. La *Revue de Paris* et le journal le *Spectateur* (ancienne *Assemblée nationale*) sont et demeurent supprimés.

Art. 2. Notre ministre secrétaire d'État au département de l'intérieur est chargé de l'exécution du présent décret, qui sera inséré au *Bulletin des lois.*

Fait au palais des Tuileries, le 18 janvier 1858.

NAPOLÉON.

Par l'Empereur :

Le ministre secrétaire d'État au département de l'intérieur,

BILLAULT.

LA GIRONDE.

28 janvier 1858.

Nous, préfet de la Gironde, commandeur de l'ordre impérial de la Légion d'honneur,

Vu l'article 6 de la loi du 27 juillet 1849 sur la presse,

Arrêtons :

Art. 1er. Toutes autorisations précédemment accordées pour la distribution des journaux dans la ville de Bordeaux sont retirées en ce qui concerne le journal ayant pour titre la *Gironde*.

Art. 2. M. le commissaire central de police est chargé d'assurer l'exécution immédiate du présent arrêté.

Fait à Bordeaux, en l'hôtel de la préfecture, le 26 janvier 1858.

Le préfet de la Gironde,

E. DE MENTQUE.

LE GUETTEUR.

8 avril 1858.

Nous, maître des requêtes au conseil d'État, préfet du département de l'Aisne,

Vu l'article inséré dans le numéro du journal le *Guetteur*, intitulé : « Correspondance particulière du *Guetteur*, » ledit article signé Ch. Gaumont, et notamment le paragraphe commençant par ces mots : « La distribution des médailles, » et finissant par ceux-ci : «Connaissant la chose par son vrai nom ; »

Considérant que ledit article tend à aigrir les classes souffrantes contre ceux qui viennent à leur secours, en présentant comme une humiliation les bienfaits de la charité, et cherche à faire naître une confusion coupable entre le socialisme et les institutions dues à l'initiative impériale ;

Vu le décret sur la presse du 17 février 1852 ;

Vu l'arrêté de notre prédécesseur, en date du 23 avril 1852, contenant un premier avertissement au journal le *Guetteur*,

Arrêtons :

Art. 1er. Un deuxième avertissement est donné au journal le *Guetteur*, en la personne de M. Cottenest, l'un des gérants, signataire du numéro du 8 avril 1858.

Art. 2. Cet avertissement sera inséré en tête du plus prochain numéro du journal le *Guetteur*.

Art. 3. M. le sous-préfet de Saint-Quentin est chargé de l'exécution du présent arrêté.

Fait à Laon, le 8 avril 1858.

Le préfet de l'Aisne,

CHAMBLAIN.

JOURNAL DU COMMERCE.

Saint-Denis (Réunion), 24 août 1858.

Nous, gouverneur de l'île de la Réunion,

Vu l'article 42 de l'ordonnance du 21 août 1825;

Vu le décret du 20 février 1852, sur la presse aux colonies;

Vu la circulaire du directeur de l'intérieur en date du 13 novembre 1857, adressée aux éditeurs des divers journaux de la colonie;

Vu l'article publié par le *Journal du Commerce* dans son numéro du 24 août courant, commençant par ces mots : « La création du nouveau ministère de l'Algérie et des Colonies, » et se terminant par ces mots : « La défense des droits légitimes des nationaux dans les deux hémisphères ; »

Vu l'article publié par le même journal dans son numéro du 27 août, commençant par ces mots : « On a vu par les extraits des journaux, » et se terminant par ces mots : « Plutôt du ressort de la chambre de commerce que de la presse ; »

Attendu que, dans certains passages de ces articles, le *Journal du Commerce* traite de questions dont la dis-cussion a été interdite à la presse par la circulaire ci-

dessus visée, et conformément aux instructions ministérielles ;

Sur le rapport du directeur de l'intérieur,

Avons arrêté et arrêtons° :

Le *Journal du Commerce* est suspendu pour huit
jours.

Saint-Denis, le 31 août 1858.

Le gouverneur de la Réunion,

Baron DARRICAU.

L'ÉCHO D'ORAN.

4 septembre 1858.

Ce journal a reçu de M. le préfet du département
d'Oran, L. Majorel, un premier avertissement dans la
personne de M. Adolphe Perrier, son gérant, signataire
d'un article du 4 septembre, intitulé : *Édilité. — Un
peu de tout*[1].

[1] Nous n'avons pu nous procurer le texte officiel de l'arrêté.

LA GIRONDE.

26 septembre 1858.

Nous, préfet de la Gironde,

Vu l'article 32 du décret organique sur la presse du 17 février 1852 ;

Vu un article du journal la *Gironde* en date du 26 septembre, commençant par ces mots : « Le *Journal des Débats* s'occupe de la situation de la presse provin- » ciale, » et finissant par ceux-ci : « Fussent en état de » blâmer ou d'approuver la conduite de leurs représen- » tants ; » ledit article signé André Lavertujon ;

Considérant que cet article, dans les passages qui ap- partiennent à la rédaction de la *Gironde*, renferme une attaque directe, excessive, contre la législation de la presse ;

Considérant que présenter comme un instrument d'oppression et de tyrannie la loi vivante, et imprimer que : « La presse a, en guise de tampon dans les oreilles » et de bâillon dans la bouche, le décret organique » de 1852 ; qu'elle ne peut rien écouter ni redire sans la » licence de l'administration…, » ce n'est pas seulement excéder le droit de discussion en agitant ce qui doit res- ter en dehors de la controverse, c'est, de parti pris, insulter à la loi, au gouvernement dont elle est l'œuvre et à l'administration chargée de l'appliquer,

Arrêtons :

Un avertissement est donné au journal la *Gironde* en la personne de M. Gounouilhou, propriétaire gérant, et en celle de M. André Lavertujon, signataire de l'article.

Fait à Bordeaux, en l'hôtel de la préfecture, le 30 septembre 1858.

Le préfet de la Gironde,

E. DE MENTQUE.

CHARENTE NAPOLÉONIENNE.

26 décembre 1858.

Nous, ministre de l'intérieur,

Vu les articles publiés par la *Charente napoléonienne* dans ses numéros des 8, 10, 17 et 26 décembre 1858 ;

Considérant que ces articles ont pour but, non-seulement d'attaquer, en les calomniant, les actes d'administration préfectorale, mais encore d'agiter l'opinion publique,

Arrêtons :

Un avertissement est donné au journal la *Charente*

napoléonienne dans la personne de MM. Servant, propriétaire directeur, et Joly, signataire des articles.

Fait à Paris, le 27 décembre 1858.

Le ministre de l'intérieur,

DELANGLE.

LA PRESSE.

15 février 1859.

Nous, ministre de l'intérieur,

Vu l'article 32 du décret organique sur la presse du 17 février 1852 ;

Vu l'article publié par le journal la *Presse*, dans son numéro du 15 février 1859, sous le titre : *La crise italienne*, et signé L. Léouzon Le Duc ;

Considérant qu'une telle polémique est de nature à jeter dans les esprits des inquiétudes mal fondées,

Arrêtons :

Art. 1er. Un avertissement est donné au journal la *Presse* dans la personne de M. Rouy, l'un des gérants, et de M. Léouzon Le Duc, signataire de l'article.

Art. 2. Le préfet de police est chargé de l'exécution du présent arrêté.

Paris, le 16 février 1859.

Le ministre de l'intérieur,

DELANGLE.

LE COLON.

Saint-Denis (Réunion), 28 avril 1859.

Nous, gouverneur de l'île de la Réunion,

Vu l'article 42 de l'ordonnance du 21 août 1825 ;

Vu le décret du 30 avril 1852 sur l'usage de la presse aux colonies ;

Vu la circulaire ministérielle du 22 novembre 1858 ;

Vu l'article inséré dans le journal le *Colon*, en date de ce jour, relatif à l'épidémie régnante ;

Le conseil privé entendu,

Avons arrêté et arrêtons :

Art. 1er. Le journal le *Colon* est suspendu pour quinze jours.

Art. 2. Le directeur de l'intérieur est chargé de l'exécution du présent arrêté, qui sera publié et inséré au *Bulletin officiel de la colonie*.

Saint-Denis, le 28 avril 1859.

Le gouverneur de l'île de la Réunion,

Baron DARRICAU.

JOURNAL DES VILLES ET DES CAMPAGNES

4 mai 1859.

Nous, ministre de l'intérieur,

Vu l'article 32 du décret organique sur la presse du 17 février 1852 ;

Vu l'article publié par le *Journal des Villes et des Campagnes*, dans son numéro du 4 mai 1859, sous le titre : *Chronique parisienne*, et signé J. Béliard ;

Considérant que cet article est rédigé avec l'intention évidente de provoquer à la déconsidération de l'armée et de tromper l'opinion publique sur le but de la guerre que la France soutient pour l'affranchissement de l'Italie,

Arrêtons :

Art. 1er. Un avertissement est donné au *Journal des Villes et des Campagnes*, dans la personne de M. Pillet fils aîné, rédacteur en chef gérant, et de M. J. Béliard, signataire de l'article.

Art. 2. Le préfet de police est chargé de l'exécution du présent arrêté.

Paris, le 7 mai 1859.

Le ministre de l'intérieur,

A. DE PADOUE.

L'ÉCHO DE L'AVEYRON.

17 mai 1859.

Nous, préfet de l'Aveyron, officier de la Légion d'honneur,

Vu le décret des 17-23 février 1852 ;

Vu les deux avertissements déjà donnés au journal l'*Écho de l'Aveyron ;*

Vu les divers articles publiés dans ledit journal, et notamment ceux intitulés : « Affaires de la révolution ; »

Considérant que le journal l'*Écho de l'Aveyron* est constamment rédigé dans un esprit hostile au gouvernement de l'Empereur, et qu'il sympathise avec ses ennemis en approuvant la conduite et la politique de l'Autriche ;

Qu'il cherche, au moyen d'insinuations malveillantes, à inquiéter et à troubler les populations en les trompant sur le but de la guerre que nous soutenons en Italie,

Arrêtons :

Un troisième et dernier avertissement est donné au journal l'*Écho de l'Aveyron* dans la personne de M. Vigroux, son rédacteur.

Fait à Rodez, le 17 mai 1859.

Pour le préfet de l'Aveyron en tournée :

Le conseiller de préfecture, secrétaire général délégué,

GABRIEL ROCHE.

L'ESPÉRANCE DU PEUPLE.

31 mai 1859.

Nous, ministre de l'intérieur,

Vu l'article 32 du décret organique sur la presse du 17 février 1852 ;

Vu les trois avertissements officiels donnés au journal l'*Espérance du Peuple*, à la date des 26 juin 1852, 14 février 1853 et 26 avril 1855 ;

Vu l'article publié dans le numéro du 31 mai sous le titre : *Correspondance de Paris* et sous la signature Mounié ;

Considérant que cet article renferme la négation des droits que l'Empereur tient du suffrage universel et de la volonté nationale,

Arrêtons :

Art. 1er. Le journal l'*Espérance du Peuple* est suspendu pour deux mois, à partir du jour où cette décision lui aura été notifiée.

Art. 2. Le conseiller d'État, préfet de la Loire-Inférieure, est chargé de l'exécution du présent arrêté.

Fait à Paris, le 5 juin 1859.

Le ministre de l'intérieur,

Duc DE PADOUE.

COURRIER DU DIMANCHE.

12 juin 1859.

Nous, ministre de l'intérieur,

Vu l'article 32 du décret organique sur la presse du 17 février 1852 ;

Vu l'article publié par le journal le *Courrier du Dimanche,,* en date du 12 juin, sous le titre *Chronique parisienne ;*

Considérant que cet article, en attaquant de la manière la plus odieuse un général français mort glorieusement sur le champ de bataille, outrage tout à la fois la reconnaissance nationale, la morale publique et notre héroïque armée,

Arrêtons :

Art. 1er. Un avertissement est donné au journal le *Courrier du Dimanche*, dans la personne de M. A. Leymarie, directeur gérant responsable.

Art. 2. Le préfet de police est chargé de l'exécution du présent arrêté.

Fait à Paris, le 13 juin 1859.

Le ministre de l'intérieur,

Duc de Padoue.

L'UNIVERS.

10 juillet 1859.

Nous, ministre de l'intérieur,

Vu l'article 32 du décret organique sur la presse du 17 février 1852;

Vu le premier avertissement officiel donné au journal l'*Univers*, à la date du 26 mars 1857;

Vu l'article publié par cette feuille dans son numéro du 10 juillet 1859, sous la signature Louis Veuillot, et commençant par ces mots : « Il y a de grandes affinités; »

Considérant que cet article donne une publicité coupable à des pamphlets imprimés à l'étranger et qui contiennent les attaques les plus odieuses contre le peuple français, le gouvernement, la religion et l'armée;

Considérant que les extraits de ces publications insérés dans l'*Univers* sont de nature à exciter la haine entre la population et l'armée, unies dans un sentiment commun d'ordre et de gloire nationale;

Considérant enfin que le même article contient une attaque et un outrage contre l'origine du pouvoir que l'Empereur a reçu du suffrage universel,

Arrêtons :

Art. 1er. Un deuxième avertissement est donné au journal l'*Univers* dans la personne de M. Taconet, gérant, et de M. Louis Veuillot, signataire de l'article.

Art. 2. Le préfet de police est chargé de l'exécution du présent arrêté.

Fait à Paris, le 11 juillet 1859.

Le ministre de l'intérieur,

Duc de Padoue.

LA GIRONDE.

14 juillet 1859.

Nous, préfet du département de la Gironde, commandeur de l'ordre impérial de la Légion d'honneur, etc.,

Vu l'article 32 du décret organique sur la presse du 17 février 1852 ;

Vu le premier avertissement officiel donné au journal la *Gironde*, à la date du 30 septembre 1858 ;

Vu l'article publié par cette feuille dans son numéro du 14 de ce mois, sous la signature André Lavertujon, et commençant par ces mots : « Quand on fixe la pensée, etc.... » et finissant par ceux-ci : « Heureux Manin ! d'être mort si tôt ! »

Considérant que cet article contient sur la glorieuse

paix conclue à Villafranca des appréciations antina-
tionales et de nature à fausser l'opinion,

Arrêtons :

Art. 1ᵉʳ. Un deuxième avertissement est donné au
journal la *Gironde* dans la personne de M. Gounouilhou,
propriétaire gérant, et de M. André Lavertujon, signataire
de l'article.

Art. 2. M. le commissaire central est chargé de l'exécution du présent arrêté.

Fait à Bordeaux, le 16 juillet 1859.

Le préfet de la Gironde,

E. DE MENTQUE.

LA GIRONDE.

19 septembre 1859.

Nous, préfet du département de la Gironde, etc.,

Vu l'art. 32 du décret du 17 février 1852 ;

Vu l'article publié par le journal la *Gironde* dans son
numéro du 19 septembre courant sous le titre : *Nouvelles
du jour;*

Vu la dépêche de Son Excellence M. le ministre de

l'intérieur, en date du 22 de ce mois, approbative du présent avertissement;

Considérant que l'article précité contient et reproduit des offenses contre un membre de la famille impériale,

Arrêtons :

Art. 1er. Un premier avertissement est donné au journal la *Gironde*, dans la personne de M. Gounouilhou, propriétaire gérant, et dans celle de M. André Lavertujon, signataire de l'article.

Bordeaux, le 23 septembre 1859.

Le préfet de la Gironde,

E. DE MENTQUE.

LE MÉMORIAL DE L'ALLIER.

29 septembre 1859.

Nous, préfet de l'Allier, chevalier de l'ordre impérial de la Légion d'honneur,

Vu le décret organique sur la presse du 17 février 1852;

Vu un article inséré dans le journal le *Mémorial de l'Allier*, du jeudi 29 du mois dernier, sous la signature Ambroise Petit, ledit article commençant par ces mots :

« Le télégraphe nous a apporté avant-hier matin, » et finissant par ceux-ci : « Ce fantôme de roi; »

Vu la dépêche de Son Excellence M. le ministre de l'intérieur, en date d'hier, approbative du présent avertissement;

Considérant que l'article susindiqué est injurieux pour un souverain allié de la France,

Arrêtons :

Art. 1er. Un premier avertissement est donné au journal le *Mémorial de l'Allier*, dans la personne de M. Laval, son gérant, et de M. Ambroise Petit, signataire de l'article.

Art. 2. Le présent arrêté sera inséré en tête du plus prochain numéro du *Mémorial de l'Allier*.

Fait à l'hôtel de la préfecture, à Moulins, le 5 octobre 1859.

Le préfet de l'Allier,

GENTEUR.

L'UNIVERS.

8 octobre 1859.

Le ministre de l'instruction publique et des cultes, chargé par intérim du département de l'intérieur ,

Vu l'article 32 du décret organique sur la presse du 17 février 1852;

Vu l'article publié par l'*Univers* dans son numéro du 8 octobre, sous le titre : *L'Europe en Asie*, et sous la signature Louis Veuillot ;

Vu notamment les passages suivants :

« Quant à la France, une incurie incomparable tantôt l'a éloignée de ce théâtre... tantôt elle s'y est portée par boutades, sans idée arrêtée, annonçant de grandes choses, n'en faisant que de mesquines, abandonnant la gloire, abandonnant l'intérêt, avançant pour se donner le souci de reculer, semant pour se donner le lustre de ne recueillir jamais... »

« .,. Notre position dans l'empire Annamite est incomparablement plus misérable qu'avant la guerre, et les infortunés chrétiens payeront par des centaines et par des milliers de martyrs le secours que la France leur a fait espérer. »

« ... Si, en France, l'insouciance ou l'ignorance, ou l'entêtement le plus incompréhensible dans les préjugés les plus épais, empêchent de suivre les habiles mouvements des Russes en Asie ; si tout cri d'alarme jeté sur ce fait n'excite chez nous que l'invincible dédain de la paresse et de l'incapacité. »

« ...Que saura faire alors l'Europe, pourrie d'impiété, perdue de révolutions et de dissensions intestines, sans chefs ou n'en ayant plus que de mal assurés et disposés à la trahir, disposée à se trahir elle-même, parce que tout la façonne à adorer la force ? »

Considérant que cet article insulte et calomnie le gouvernement de l'Empereur, en lui reprochant son incurie et sa faiblesse, et en l'accusant d'abandonner la gloire et l'intérêt du pays dans les affaires de l'Asie ;

Qu'il représente l'expédition de Cochinchine, si généreusement entreprise au profit du christianisme et de la civilisation, comme devant entraîner le martyre de milliers de chrétiens ;

Considérant que ces attaques, aussi injustes au fond que violentes en la forme, sont encore aggravées par des outrages à la France et à l'Europe, et qu'elles ont pour but de provoquer au mépris du gouvernement de l'Empereur,

Arrêtons :

Art. 1er. Un premier avertissement est donné au journal l'*Univers* dans la personne de M. Taconet, propriétaire gérant, et de M. Louis Veuillot, signataire de l'article susvisé.

Art. 2. Le préfet de police est chargé de l'exécution du présent arrêté.

Fait à Paris, le 11 octobre 1859.

Le ministre de l'instruction publique et des cultes,

ROULAND.

LA GUADELOUPE.

Basse-Terre, 19 octobre 1859.

Nous, commissaire de la marine, gouverneur de la Guadeloupe et dépendances par intérim,

Vu le numéro du journal la *Guadeloupe*, en date du 18 octobre courant;

Considérant que l'article publié dans ce numéro, sous le titre : *Vox clamans in deserto*, met en doute la sollicitude du gouvernement de l'Empereur à l'égard des colonies, et tend à jeter de la déconsidération sur les dépositaires de l'autorité;

Vu la dépêche ministérielle du 24 novembre 1858, numéro 97;

Vu l'art. 44 de l'ordonnance organique de 1827-1833;

Le conseil privé entendu,

Avons décidé et décidons :

Le journal la *Guadeloupe* est suspendu et cessera de paraître pendant deux mois.

Fait à Basse-Terre, le 19 octobre 1859.

LE CORRESPONDANT.

25 octobre 1859.

Le ministre de l'instruction publique et des cultes, chargé par intérim du département de l'intérieur,

Vu l'article 32 du décret organique sur la presse du 17 février 1852 ;

Vu l'article publié par le journal le *Correspondant*, dans son numéro du 25 octobre 1859, sous la signature Ch. de Montalembert et sous le titre: *Pie IX et la France en 1849 et en 1859* ;

Vu notamment les passages suivants :

« C'est la France qui a sauvé l'indépendance temporelle du saint siége en 1849, et c'est elle qui la laisse ébranler et amoindrir en 1859... Encore une fois, c'est la guerre portée par la France en Italie qui aura amené la destruction de l'autorité temporelle du pape dans le tiers de ses États et l'ébranlement irréparable de tout ce qui reste. La fille aînée de l'Église demeurera donc comptable devant le présent comme devant l'histoire, devant l'Europe comme devant Dieu...

» Le rôle de l'Angleterre n'a qu'un nom, il est ignoble...

» Quant au Piémont, nous avons vu avec une amère douleur ce noble pays échanger le rôle patient et laborieux, mais si fécond et si pur, d'initiateur moral et intellectuel contre celui d'un aventurier cupide et impatient...

» Il faut bien le proclamer, si l'Italie, au lieu de décréter une statue à l'astuce, à la déloyauté, à la dépravation politique personnifiée dans Machiavel... On sait que le gouvernement toscan vient de décider qu'il serait élevé des statues à Machiavel, en même temps qu'à l'empereur Napoléon III et au roi Victor-Emmanuel; »

Considérant qu'en dénonçant la guerre portée par la France en Italie comme ayant amené la destruction de l'autorité temporelle du pape, cet article dénature les résultats de notre glorieuse expédition et calomnie la politique de l'Empereur;

Que, dépassant toutes les limites d'une appréciation libre des gouvernements étrangers, il insulte des nations alliées de la France;

Que l'assimilation rendue à dessein injurieuse entre le nom de Machiavel et ceux de Sa Majesté Napoléon III et du roi Victor-Emmanuel est une atteinte directe au respect dû à l'Empereur;

Considérant enfin que le gouvernement, dont le devoir est d'éclairer la conscience publique, ne saurait abandonner à la merci des passions personnelles et des haines de parti l'honneur de la politique française, la gloire de nos armes et la loyauté des principes si solennellement affirmés,

Arrêtons :

Art. 1er. Un premier avertissement est donné au journal le *Correspondant*, dans la personne de M. Ch. de Montalembert, signataire de l'article, et de M. Douniol, gérant.

Art. 2. Le préfet de police est chargé de l'exécution du présent arrêté.

Fait à Paris, 30 octobre 1859.

Le ministre de l'instruction publique et des cultes,

ROULAND.

L'UNION DE L'OUEST.

29 octobre 1859.

Nous, préfet de Maine-et-Loire, officier de l'ordre impérial de la Légion d'honneur,

Vu l'article inséré dans le journal l'*Union de l'Ouest* du samedi 29 courant, sous la signature Bonneserre de Saint-Denis; ledit article commençant par ces mots : « Une rectification nous est commandée, » et finissant par ceux-ci : « Que rien ne le vienne rajeunir; »

Vu la dépêche de Son Excellence le ministre de l'intérieur, en date de ce jour, approbative du présent avertissement;

Vu le décret organique sur la presse du 17 février 1852 ;

Considérant que l'article susvisé s'efforce, par des allusions injurieuses, de rendre suspectes les intentions solennellement exprimées de l'Empereur envers le saint-père,

Arrêtons :

Art. 1er. Un premier avertissement est donné au journal l'*Union de l'Ouest* dans la personne de M. Arthur de Cumont, copropriétaire gérant, et de M. Bonneserre de Saint-Denis, signataire de l'article.

Art. 2. M. le commissaire central de police est chargé de la notification du présent arrêté, qui sera inséré en tête du plus prochain numéro de l'*Union de l'Ouest*.

Fait à l'hôtel de la préfecture, à Angers, le 3 novembre 1859.

Le préfet de Maine-et-Loire,
L. BOURLON DE ROUVRE.

L'INDÉPENDANT DE L'OUEST.

9 novembre 1859.

Nous, préfet de la Mayenne,

Vu l'article 32 du décret organique du 17 février 1852 ;

Vu la dépêche de Son Excellence le ministre de l'intérieur, en date du 10 novembre 1859, approbative du présent avertissement ;

Vu l'article publié par le journal l'*Indépendant de l'Ouest*, dans son numéro du 9 novembre courant ;

Considérant que, dans cet article, le gouvernement est accusé « d'avoir pour les journaux que l'auteur appelle les organes de la révolution une tolérance formant un singulier contraste avec la sévérité déployée depuis quelque temps contre ceux qu'il appelle les organes du catholicisme; de sévir contre ceux qui défendent les droits du pape et de se montrer très-tolérant envers ceux qui les attaquent, etc., etc. »

Considérant que de pareilles imputations n'ont d'autre but que de troubler les consciences et d'exciter les esprits ;

Que le gouvernement qui a rétabli à Rome le souverain Pontife, qui continue de l'y entourer de protection et de respect, qui travaille sans relâche et loyalement à résoudre les difficultés de la situation actuelle, a l'impérieux devoir, pendant qu'il remplit avec zèle cette épineuse mission, de ne pas se laisser calomnier aux yeux des populations catholiques dont il partage les sympathies et la foi,

Arrêtons :

Art. 1er. Un premier avertissement est donné au journal l'*Indépendant de l'Ouest* dans la personne du sieur Charles Muller, signataire de l'article et directeur gérant de cette feuille.

Art. 2. M. le commissaire de police de Laval est chargé de la notification du présent arrêté, qui sera inséré en tête du plus prochain numéro de l'*Indépendant de l'Ouest*.

Fait à Laval, le 12 novembre 1859.

Le préfet de la Mayenne,

A. BELURGEY DE GRANDVILLE.

LE COURRIER DU DIMANCHE.

20 novembre 1859.

Nous, ministre de l'intérieur,

Vu l'art. 32 du décret organique sur la presse du 17 février 1852;

Vu l'article publié par le journal le *Courrier du Dimanche* dans son numéro du 20 novembre, sous la signature comte d'Haussonville, et commençant par ces mots : « En politique, comme en toutes choses...; »

Considérant que cet article contient une attaque formelle contre le décret organique du 17 février 1852 sur la presse, et que le droit de s'adresser au sénat par voie dé pétition ne saurait impliquer celui de faire, par la voie des journaux, une guerre ouverte aux lois de l'État,

Arrêtons :

Art. 1er. Un premier avertissement est donné au journal le *Courrier du Dimanche* dans la personne de M. le comte d'Haussonville, signataire de l'article, et de M. J. Laurent Lapp, gérant du journal.

Art. 2. Le préfet de police est chargé de l'exécution du présent arrêté.

Fait à Paris, le 20 novembre 1859.

Le ministre de l'intérieur,

BILLAULT.

MEMORIAL DES DEUX-SÈVRES.

24 novembre 1859.

Nous, préfet des Deux-Sèvres, officier de la Légion d'honneur, etc., etc.,

Vu l'article 32 du décret organique du 17 février 1852 ;

Vu l'article publié par le *Mémorial des Deux-Sèvres* dans son numéro du 24 novembre courant, commençant par ces mots : « Les peuples peuvent-ils, etc. » et signé Delavault ;

Vu notamment le passage suivant :

« Cependant, à voir le blâme que l'on jette quelquefois

sur la Sardaigne… le frisson que font éprouver à nos hommes d'État les résolutions énergiques que prennent les Toscans dans le but d'assurer l'ordre ; le culte voué toujours et quand même au provisoire ; l'attention scrupuleuse à ménager tout ce qui tient à l'Autriche, comme si on avait à craindre à chaque instant un reproche de sa part ; les limites que l'on trace tous les jours à la presse avec défense d'aller plus loin ; la prudence commandée sur toute la ligne ; le silence imposé aux bataillons qui ne marchent plus que le doigt sur les lèvres, on croirait réellement que nous allons à une mauvaise action, pour ne pas emprunter les termes du proverbe ; »

Considérant qu'on ne saurait voir dans le passage ci-dessus visé une discussion loyale et sérieuse de la politique du gouvernement, et que ces imputations aussi fausses qu'injurieuses sont de nature à blesser le sentiment national,

Arrêtons :

Art. 1er. Un premier avertissement est donné au journal le *Mémorial des Deux-Sèvres* dans la personne de M. Mercier, gérant.

Art. 2. M. le commissaire de police de Niort est chargé de la notification du présent.

Fait à Niort, le 26 novembre 1859.

Le préfet des Deux-Sèvres,

D. LOWASY.

L'OPINION NATIONALE.

28 novembre 1859.

Nous, ministre de l'intérieur,

Vu l'art. 32 du décret organique sur la presse du 17 février 1852 ;

Vu l'article publié par le journal l'*Opinion nationale*, dans son numéro du 28 novembre, sous le titre : *Bulletin du jour*, et sous la signature Alexandre Bonneau ;

Vu notamment la phrase suivante :

« Ce pouvoir (le pouvoir temporel du pape) est une plaie toujours saignante aux flancs de l'Église catholique : il l'avilit à la face du monde ; »

Considérant que cette phrase est un outrage à un gouvernement étranger et à l'Église dont le saint-père est le chef,

Arrêtons :

Art. 1er. Un premier avertissement est donné au journal l'*Opinion nationale* dans la personne de M. Guéroult, gérant, et de M. Alexandre Bonneau, signataire dudit article.

Art. 2. Le préfet de la police est chargé de l'exécution du présent arrêté.

Fait à Paris, le 30 novembre 1859.

Le ministre de l'intérieur,

BILLAULT.

LA FRANCE CENTRALE.

5 et 6 décembre 1859.

Nous, préfet de Loir-et-Cher, officier de la Légion d'honneur,

Vu l'art. 32 du décret organique du 17 février 1852 ;

Vu l'article publié par la *France centrale* dans son numéro des 5 et 6 décembre 1859, contenant deux articles empruntés à des journaux étrangers ;

Vu notamment les passages suivants :

« La sûreté de la France paraît reposer sur le fait qu'elle a su jeter au milieu des puissances la pomme de discorde. Mais le monde, habitué au changement subit de plans et de vues politiques, se laissera difficilement persuader que la France renonce tout à coup à toutes les entreprises, et qu'elle se contentera d'assister en simple spectatrice au développement de la situation qu'elle n'a fait qu'embrouiller depuis six ans...

» Le traité de Zurich n'est au fond qu'un acte de cession, mais ne congédie pas les éléments révolutionnaires dont on avait invoqué l'alliance pendant la lutte. Le droit violé se vengera.

» L'Autriche a renoncé à une partie de son droit, mais non au droit en général. La légitimité, en Italie, n'a pas abdiqué en faveur de la maison de Savoie. »

Vu la dépêche de Son Excellence le ministre de l'intérieur en date du 7 décembre 1859, approbative du présent avertissement;

Considérant que la reproduction pure et simple de ces appréciations dans un journal français est de nature à blesser le sentiment national,

Arrêtons :

Art 1er. Un premier avertissement est donné au journal la *France centrale*, imprimé à Blois, en la personne de M. Blazeix, copropriétaire gérant du journal, et signataire de l'article ci-dessus cité.

Art. 2. M. le commissaire de police de Blois est chargé de l'exécution du présent arrêté, qui sera inséré en tête du plus prochain numéro de la *France centrale*.

Fait en l'hôtel de la préfecture, à Blois, le 8 décembre 1859.

Le préfet de Loir-et-Cher,

DE SOUBEYRAN.

LA FRANCE CENTRALE.

11 décembre 1859.

Nous, préfet de Loir-et-Cher, officier de la Légion d'honneur,

Vu l'article 32 du décret organique du 17 février 1852 ;

Vu le premier avertissement donné au journal la *France centrale* en date du 8 décembre ;

Vu l'article publié par cette feuille dans son numéro du 11 et commençant par ces mots :

« La *France centrale* vient d'être frappée... ; »

Vu la dépêche de Son Excellence le ministre de l'intérieur en date du 11, approbative d'un deuxième avertissement ;

Considérant que l'article précité est une protestation contre le premier avertissement donné au journal la *France centrale*,

Arrêtons :

Art. 1er. Un deuxième avertissement est donné au journal la *France centrale* dans la personne de M. Blazeix, gérant, et dans la personne de MM. Paul Andral, A. de la Fare, E. de la Salle, P. de Vibraye, Ed. Walsh, signataires de ladite protestation.

Art. 2. M. le commissaire de police de Blois est chargé de l'exécution du présent arrêté, qui sera inséré dans le plus prochain numéro de la *France centrale*.

Fait à l'hôtel de la préfecture, à Blois, le 12 décembre 1859.

Le préfet de Loir-et-Cher,

DE SOUBEYRAN.

L'UNIVERS.

25 décembre 1859.

Nous, ministre de l'intérieur,

Vu l'article 32 du décret organique sur la presse du 17 février 1852;

Vu le premier avertissement donné au journal l'*Univers*, à la date du 11 octobre 1859;

Vu l'article publié par ce journal dans son numéro du 25 décembre 1859, commençant par ces mots : « Depuis longtemps déjà nos amis nous écrivent... » et l'adresse qui en est la suite, sous la signature de M. Louis Veuillot;

Considérant que, si la question traitée par le journal l'*Univers* peut être débattue avec une entière liberté de discussion, il ne saurait toutefois être permis de chercher à organiser en France, sous un prétexte religieux, une agitation politique,

Arrêtons :

Art. 1er. Un deuxième avertissement est donné au journal l'*Univers* dans la personne de M. Louis Veuillot, signataire de l'article sus-visé, et de M. Taconet, propriétaire gérant.

Art. 2. M. le préfet de police est chargé de l'exécution du présent arrêté.

Fait à Paris, 26 décembre 1859.

Le ministre de l'intérieur,

BILLAULT.

JOURNAL DES VILLES ET DES CAMPAGNES.

27 décembre 1859.

Nous, ministre de l'intérieur,

Vu l'article 32 du décret organique sur la presse du 17 février 1852 ;

Vu l'article publié par le *Journal des Villes et des Campagnes*, dans son numéro du 27 décembre, et commençant par ces mots : « *L'Univers* propose à la signature de ses amis l'adresse suivante, etc.; »

Considérant qu'il ne saurait être permis de chercher à organiser en France, sous un prétexte religieux, une agitation politique,

Arrêtons :

Art. 1er. Un premier avertissement est donné au *Journal des Villes et des Campagnes*, dans la personne de M. A. Pillet, signataire de l'article et rédacteur en chef.

Art. 2. M. le préfet de police est chargé de l'exécution du présent arrêté.

Paris, le 27 décembre 1859.

Le ministre de l'intérieur,

BILLAULT.

L'ESPÉRANCE, COURRIER DE NANCY.

29 décembre 1859.

Nous, préfet de la Meurthe,

Vu l'article 32 du décret organique sur la presse du 17 février 1852;

Vu l'article publié par le journal l'*Espérance, Courrier de Nancy*, dans son numéro du 29 décembre 1859, commençant par ces mots : « Le *Journal des Débats* fait remarquer, » et sous la signature A. Kaeuffer ;

Considérant que cet article sort, par sa violence, des termes d'une discussion loyale, et qu'il est injurieux pour les institutions que la France s'est données ;

Vu la dépêche approbative de Son Excellence le ministre de l'intérieur, en date du 30 décembre,

Arrêtons :

Un premier avertissement est donné au journal l'*Espérance, Courrier de Nancy*, dans la personne de M. A. Kaeuffer, signataire de l'article, et de M. Vagner, gérant du journal.

M. le commissaire central de police de Nancy est chargé de l'exécution du présent arrêté.

Fait à Nancy, le 1er janvier 1860.

Le préfet de la Meurthe,

ALBERT LENGLÉ.

L'ESPÉRANCE DU PEUPLE.

2 janvier 1860.

Nous, préfet de la Loire-Inférieure, etc.,

Vu l'art. 32 du décret organique sur la presse du 17 février 1852 ;

Vu l'article publié par le journal l'*Espérance du Peuple*, dans son numéro du 2 janvier 1860, sous le titre : *Correspondance parisienne*, et sous la signature : Pour extrait : J. Brodu ;

Considérant que, dans cet article, le journal l'*Espérance du Peuple* tend à jeter de l'odieux sur nos expéditions de Crimée et d'Italie, dont il calomnie les glorieux résultats ;

Vu la dépêche de S. Exc. le ministre de l'intérieur, en date du 5 janvier 1860, approbative du présent avertissement,

Arrêtons :

Art. 1er. Un premier avertissement est donné au journal l'*Espérance du Peuple*, dans la personne de M. Emerand de la Rochette, rédacteur en chef, et de M. Brodu, signataire de l'article précité.

Art. 2. M. le commissaire central est chargé de la notification du présent avertissement.

Nantes, 7 janvier 1860.

Pour le préfet en tournée :

Le secrétaire général,

Baron DE GIRARDOT.

L'ÉCHO DE L'AVEYRON.

3 janvier 1860.

Nous, préfet de l'Aveyron, etc.,

Vu l'article 32 du décret du 17 février 1852 ;

Vu l'article publié par le journal l'*Écho de l'Aveyron*, dans son numéro du 3 janvier 1860, commençant par ces mots : « En lisant cette brochure, il n'est pas..., » et sous la signature Vigroux ;

Considérant que cet article est d'une violence qui dépasse toutes les bornes d'une discussion loyale, et que son but évident est d'exciter l'agitation dans les esprits,

Arrêtons :

Un premier avertissement est donné au journal l'*Écho de l'Aveyron*, dans la personne de M. Vigroux, signataire de l'article susvisé, et de M. Acquier, gérant du journal.

Fait à Rodez, le 11 janvier 1860.

Le préfet de l'Aveyron,

N. BARAGNON.

L'UNION DE L'OUEST.

5 janvier 1860.

Nous, préfet de Maine-et-Loire, etc.,

Vu l'article 32 du décret organique sur la presse du 17 février 1852 ;

Vu le premier avertissement donné au journal l'*Union de l'Ouest*, à la date du 2 novembre 1859 ;

Vu les deux articles publiés par cette feuille dans son numéro du 5 janvier 1860, sous la signature Cahuzac et sous la signature Bonneserre de Saint-Denis ;

Considérant que ces articles sont d'une violence qui dépasse toutes les bornes d'une discussion loyale, et que leur but évident est d'exciter l'agitation dans les esprits ;

Vu la dépêche de Son Excellence le ministre de l'intérieur, en date du 8 janvier 1860, approbative du présent avertissement,

Arrêtons :

Art. 1er. Un deuxième avertissement est donné au journal l'*Union de l'Ouest.*

Art. 2. M. le commissaire central de police est chargé de la notification du présent arrêté, qui sera inséré en tête du plus prochain numéro de l'*Union de l'Ouest.*

Fait à Angers, le 9 janvier 1860.

Le préfet de Maine-et-Loire,

BOURLON DE ROUVRE.

L'ÉCHO DE LA FRONTIÈRE.

5 janvier 1860.

Nous, préfet du Nord, etc.,

Vu l'article 32 du décret organique sur la presse du 17 février 1852 ;

Vu l'article publié par le journal l'*Écho de la Frontière*, dans son numéro du 5 janvier 1860, commençant par ces mots : « On n'a pas fait assez remarquer, etc. » sous la signature George Gandy ;

Vu la dépêche approbative de Son Excellence le ministre de l'intérieur, en date du 7 janvier courant ;

Considérant que ces articles sont d'une violence qui dépasse les bornes d'une discussion loyale, et que leur but évident est d'exciter l'agitation dans les esprits,

Arrêtons :

Art. 1er. Un premier avertissement est donné au journal *l'Écho de la Frontière*, dans la personne de M. Georges Gandy, signataire des articles susvisés.

Art. 2. M. le sous-préfet de Valenciennes est chargé de l'exécution du présent arrêté.

Lille, le 8 janvier 1860.

Le préfet du Nord,
VALLON.

L'ÉCHO DE LA FRONTIÈRE.

7 janvier 1860.

Nous, préfet du Nord, etc.,

Vu l'article 32 du décret organique sur la presse du 17 février 1852 ;

Vu l'article publié dans le journal l'*Écho de la Frontière*, dans son numéro du 7 janvier 1860, commençant par ces mots : « Il nous faut bien encore, » et sous la signature Georges Gandy ;

Considérant que cet article est une aggravation des violences de langage qui ont motivé le premier avertissement ;

Vu la dépêche de Son Excellence le ministre de l'intérieur, en date du 8 janvier 1860, approbative du présent avertissement,

Arrêtons :

Art. 1er. Un deuxième avertissement est donné au journal l'*Écho de la Frontière*.

Art. 2. M. le sous-préfet de Valenciennes est chargé de l'exécution du présent arrêté.

Fait à Lille, le 9 janvier 1860.

Le préfet du Nord,

VALLON.

LA GAZETTE DE FRANCE.

10 janvier 1860.

Nous, ministre de l'intérieur,

Vu l'article 32 du décret organique sur la presse du 17 février 1852 ;

Vu le numéro de la *Gazette de France* du 10 janvier 1860 ;

Vu l'article intitulé : *Bulletin politique* sous la signature Gustave Janicot ;

Considérant que cet article, par sa violence, tend à exciter l'agitation dans les esprits ;

Vu également l'article publié dans le même numéro, sous la signature Paul de Lourdoueix, où se trouve la phrase suivante : « C'est seulement de 93 que date, *avec la terreur*, l'avénement du principe électif comme base de la souveraineté politique ;

Considérant que le passage susvisé contient tout à la fois un outrage et une attaque contre le principe de la souveraineté nationale et du suffrage universel, sur lequel reposent les institutions de l'Empire,

Arrêtons :

Art. 1er. Un premier avertissement est donné au journal la *Gazette de France*, dans la personne de MM. Gustave Janicot et Paul de Lourdoueix, signataires desdits articles, et de M. Aubry-Foucault, gérant du journal.

Art. 2. Le préfet de police est chargé de l'exécution du présent arrêté.

Fait à Paris, le 11 janvier 1860.

Le ministre de l'intérieur,

BILLAULT.

LA GIRONDE.

12 janvier 1860.

Nous, préfet du département de la Gironde, etc.,

Vu l'article 32 du décret organique sur la presse du 17 février 1852 ;

Vu l'article publié par le journal la *Gironde* dans son numéro du 12 janvier courant, sous le titre : *Affaires municipales ;*

Vu la dépêche de Son Excellence M. le ministre de l'intérieur, en date du 15 de ce mois, approbative du présent avertissement ;

Vu le premier avertissement adressé au journal la *Gironde* le 23 septembre 1859 ;

Considérant que l'article susvisé renferme des inexactitudes graves et dépasse les limites d'une discussion loyale en cherchant à tromper l'opinion publique sur les vrais motifs de la retraite de la municipalité,

Arrêtons :

Un deuxième avertissement est donné au journal la

23*

Gironde, dans la personne de M. Gounouilhou, propriétaire gérant, et dans celle de M. André Lavertujon, signataire de l'article.

Fait à Bordeaux, le 16 janvier 1860.

Le préfet de la Gironde,

E. DE MENTQUE.

L'ALGÉRIE NOUVELLE.

18 janvier 1860.

Nous, préfet d'Alger,

Vu le décret du 14 mars 1855 qui rend exécutoire en Algérie le décret du 17 février 1852 sur le régime de la presse ;

Vu la circulaire du ministre secrétaire d'État de l'Algérie et des colonies, en date du 21 septembre 1859 ;

Vu l'article publié dans le numéro du 18 janvier courant de l'*Algérie nouvelle*, lequel affirme que « l'on frappe de pénalité les Arabes qui veulent s'établir en territoire civil, etc.... ; »

Considérant que cette assertion, essentiellement fausse, n'a d'autre but que d'égarer l'opinion et de représenter le gouvernement comme hostile au développement de la colonisation et à la fusion des intérêts ;

Considérant que cet article nie la portée des progrès accomplis et consacrés par ce décret, et qu'en demandant la suppression radicale de la justice musulmane, si intimement liée aux croyances religieuses du pays, il est de nature à jeter l'inquiétude et l'agitation parmi les populations indigènes,

Arrêtons :

Art. 1er. Un premier avertissement est donné au journal l'*Algérie nouvelle*, dans la personne du sieur Arthur de Fonvielle, signataire de l'article et gérant du journal.

Art. 2. M. le commissaire central de police est chargé de l'exécution du présent arrêté.

Alger, le 18 janvier 1860.

Le préfet d'Alger,

LEVERT.

LE CORRESPONDANT.

25 janvier 1860.

Nous, ministre de l'intérieur,

Vu l'article 32 du décret organique sur la presse du 17 février 1852 ;

Vu le premier avertissement donné au journal le *Correspondant*, à la date du 30 octobre 1859 ;

Vu le numéro du journal le *Correspondant* en date du 25 janvier 1860 ;

Vu l'article intitulé : *La Question italienne et l'opi-*

nion catholique en France, sous la signature Auguste Cochin ;

Vu également l'article intitulé : *La Lettre impériale et la situation*, sous la signature Albert de Broglie ;

Considérant que, dans l'appréciation qu'ils contiennent des événements qui ont précédé et suivi la guerre d'Italie, ces articles calomnient la politique de la France, et que leur évidente hostilité a pour but d'exciter les passions que réprouve le sentiment national,

Arrêtons :

Art. 1er. Un deuxième avertissement est donné au journal le *Correspondant*, dans la personne de M. Ch. Douniol, l'un des gérants, et MM. Aug. Cochin et Albert de Broglie, signataires des articles susvisés.

Art. 2. Le préfet de police est chargé de l'exécution du présent arrêté.

Paris, 29 janvier 1860.

Le ministre de l'intérieur,

BILLAULT.

L'INDÉPENDANT DE L'OUEST.

27 janvier 1860.

Nous, préfet de la Mayenne,

Vu l'article 32 du décret organique du 7 février 1852 ;

Vu la dépêche de Son Excellence M. le ministre de l'intérieur, en date du 28 janvier 1860, approbative du présent avertissement ;

Vu le premier avertissement donné au journal l'*Indépendant de l'Ouest*, à la date du 12 novembre 1859 ;

Vu la reproduction, dans le numéro de cette feuille en date du 27 janvier 1860, d'une lettre adressée par le clergé catholique des diocèses du Mans et d'Angers au pape Pie VI, le 23 mars 1792 ;

Considérant que la reproduction de ce document tend à établir une sorte d'assimilation hypothétique entre une époque de persécutions contre le clergé catholique et un régime sous lequel la religion est environnée de protection et de respect ;

Considérant que cette assimilation n'a d'autre but que d'égarer les esprits,

Arrêtons :

Art. 1er. Un deuxième avertissement est donné au journal l'*Indépendant de l'Ouest*, en la personne du sieur Charles Muller, signataire de l'article et directeur gérant de cette feuille.

Art. 2. M. le commissaire de police de Laval est chargé de la notification du présent arrêté, qui sera inséré en tête du plus prochain numéro de l'*Indépendant de l'Ouest*.

Fait à Laval, le 30 janvier 1860.

Le préfet de la Mayenne,

A. BÉLURGEY DE GRANVILLE.

L'UNIVERS.

29 janvier 1860.

Rapport à l'Empereur.

Sire, le journal l'*Univers* s'est fait dans la presse périodique l'organe d'un parti religieux dont les prétentions sont chaque jour en opposition plus directe avec les droits de l'État; ses efforts incessants tendent à dominer le clergé français, à troubler les consciences, à agiter le pays, à saper les bases fondamentales sur lesquelles sont établis les rapports de l'Église et de la société civile.

Cette guerre ouverte faite à nos plus anciennes traditions nationales est dangereuse pour la religion même qu'elle compromet, en la mêlant à des passions indignes d'elle, en l'associant à des doctrines inconciliables avec les devoirs de patriotisme que le clergé français n'a jamais séparés de sa respectueuse soumission au saint siége dans l'ordre spirituel.

La presse religieuse a méconnu la mission de modération et de paix qu'elle devait remplir. Le journal l'*Univers* surtout, insensible aux avertissements qui lui ont été donnés, atteint chaque jour les dernières limites de la violence; c'est à lui que sont dues ces polémiques ardentes où des attaques regrettables ne manquent jamais de répondre à ses provocations, et dont les scandales sont un sujet de profonde tristesse pour le clergé comme pour tous les bons citoyens.

Les vrais intérêts de l'Église, aussi bien que ceux de la paix publique, réclament impérieusement que l'on mette un terme à ces excès. Un gouvernement fondé sur la volonté nationale ne craint pas la discussion, mais il doit savoir protéger efficacement, contre ceux qui voudraient les ébranler ou les compromettre, l'ordre public, l'indépendance de l'État, l'autorité et la dignité de la religion.

C'est dans ce but que je propose à Votre Majesté d'appliquer au journal l'*Univers* l'article 32 du décret du 17 février 1852, et de prononcer la suppression de cette feuille périodique. Les doctrines et les prétentions que ce journal voudrait ressusciter parmi nous ne sont pas nouvelles ; la vieille monarchie française les a toujours énergiquement combattues ; de grands évêques l'ont parfois puissamment secondée dans cette lutte. Votre Majesté ne se montrera pas moins soucieuse que ses devanciers de faire respecter les principes consacrés par nos traditions nationales.

Je suis avec un profond respect, Sire, etc.,

Le ministre de l'intérieur,

BILLAULT.

Décret.

Napoléon, etc.,

Sur la proposition de notre ministre de l'intérieur ;

Vu l'art. 32 du décret organique du 17 février 1852,

Avons décrété et décrétons ce qui suit :

Art. 1er. Le journal l'*Univers* est supprimé.

Art. 2. Notre ministre de l'intérieur est chargé de l'exécution du présent décret, qui sera inséré au *Bulletin des Lois.*

Fait au Palais des Tuileries, le 29 janvier 1850.

NAPOLÉON.

L'OCÉAN.

6 février 1860.

Nous, préfet du Finistère,

Vu l'article 32 du décret organique sur la presse du 17 février 1852 ;

Vu l'article inséré dans le journal l'*Océan*, du 6 février courant, commençant par ces mots : « On écrit de Rome, » et finissant par ceux-ci : « Causer la ruine de plusieurs ; »

Vu la lettre de S. Exc. le ministre de l'intérieur, datée du 11 de ce mois, approbative du présent avertissement ;

Considérant que ledit article blesse profondément le

sentiment national, en appelant sur la France le retour des malheurs qui l'ont frappée à l'époque la plus funeste de son histoire,

Arrêtons :

Art. 1er. Un premier avertissement est donné au journal *l'Océan* de Brest, dans le personne de M. V.-A., Waille, signataire de l'article, et de M. Singery, gérant du journal.

Art. 2. M. le sous-préfet de Brest est chargé de l'exécution du présent arrêté.

Fait à Quimper, le 14 février 1860.

Pour le préfet du Finistère en congé :

Le secrétaire général délégué,

H. FALRET DE TUITE.

LA PRESSE.

10 février 1860.

Nous, ministre de l'intérieur,

Vu l'article 32 du décret organique sur la presse du 17 février 1852 ;

Vu l'article publié par le journal la *Presse*, dans son numéro du 10 février 1860, commençant par ces mots : « Les préoccupations grandissent, etc., » et sous la signature A. Peyrat ;

Considérant que cet article où les fausses nouvelles se trouvent mêlées aux appréciations les plus malveillantes, blesse à la fois le sentiment national et la vérité des faits,

Arrêtons :

Art. 1er. Un premier avertissement est donné au journal la *Presse*, dans la personne de M. A. Peyrat, signataire de l'article, et de M. H. Rouy, l'un des gérants du journal.

Art. 2. Le préfet de police est chargé de l'exécution du présent arrêté.

Paris, le 11 février 1860.

Le ministre de l'intérieur,

BILLAUT.

LA BRETAGNE.

11 février 1860.

Rapport à l'Empereur.

Sire, le journal la *Bretagne*, publié à Saint-Brieuc, expose dans son numéro du samedi 11 février que, au moment où, suivant ce journal, le revirement inexplicable qui vient de s'opérer dans les hautes régions du pouvoir jetait l'alarme et la consternation dans tous les cœurs catholiques, plusieurs députés, des plus sincèrement dévoués jusqu'ici à la dynastie et à la politique impériales, se seraient rassemblés spontanément à Paris des points les plus éloignés de la France, et se seraient concertés

entre eux sur les moyens de faire parvenir la vérité jusqu'au pied du trône.

Comme résultat de ce concert, le journal donne sous
forme d'adresse signée par trois membres du Corps législatif une sorte de protestation contre la politique suivie
par votre gouvernement dans la question romaine. Ce
document se termine par ces mots : « C'est pour vous,
Sire, c'est pour votre dynastie que nous déplorons l'incertitude qui règne en ce moment, et qui, en se prolon-
geant, séparerait de vous tous les catholiques sincères.»

Le journal ajoute : « La seule réponse qu'aient reçue
les signataires de cette adresse a été la suppression de
l'*Univers ;* leur incertitude a cessé. »

Je ne vous propose pas, Sire, d'examiner jusqu'à quel
point cette séparation qu'on proclame s'accorde avec le
serment de fidélité à l'Empereur que prêtent les membres
du Corps législatif. Votre Majesté peut en tout cas tenir
pour certain que si les populations, au nom desquelles
parlent ces trois députés, étaient consultées, ce serait d'eux
et non de l'Empereur qu'elles se sépareraient…; mais je
n'appelle aujourd'hui votre attention que sur le journal qui
a donné à cette manifestation le concours de sa publicité.

Dans une question où vos intentions et vos actes sont
si violemment méconnus et calomniés par l'esprit de parti;
où l'on s'obstine à oublier tout ce que vous avez fait depuis dix ans pour protéger la religion en France et à Rome;
où, confondant à dessein le spirituel avec le temporel, le

dogme avec la politique, on présente aux yeux des simples les plus sages conseils comme une spoliation, la plus infatigable bienveillance comme de l'hypocrisie, la longanimité que montre votre gouvernement contre tant d'attaques injustes et passionnées doit avoir une limite. Il est impossible de tolérer qu'au sein de ces populations bretonnes, à la fois si pieuses et si dévouées à l'Empereur, on sème ouvertement et comme officiellement des divisions intestines, on essaye d'abuser leur foi, et de leur présenter comme ennemi du temporel du saint-père, et presque du saint-père lui-même, le prince qui lui a rendu Rome et ne cesse de l'y protéger.

Le journal qui entreprend une telle œuvre se place sous le coup des dispositions du décret du 17 février 1852; je demande à Votre Majesté qu'il lui en soit fait application.

Je suis avec un profond respect, Sire, etc.,

Le ministre de l'intérieur,

BILLAULT.

Décret.

Napoléon, etc.

Sur la proposition de notre ministre de l'intérieur;

Vu l'art. 32 du décret organique du 17 février 1852,

Avons décrété et décrétons ce qui suit :

Art. 1er. Le journal la *Bretagne* est supprimé.

Art. 2. Notre ministre secrétaire d'État au département de l'intérieur est chargé de l'exécution du présent décret, qui sera inséré au *Bulletin des lois*.

Fait au palais des Tuileries, le 15 février 1860.

NAPOLÉON.

LA GAZETTE DE FRANCE.

12 février 1860.

Nous, ministre de l'intérieur,

Vu l'art. 32 du décret organique sur la presse du 17 février 1852;

Vu le premier avertissement donné à la *Gazette de France* le 11 janvier 1860 ;

Vu l'article publié par cette feuille dans son numéro du 12 février, commençant par ces mots : « M. Granier de Cassagnac, » et finissant par ceux-ci : « A document, document et demi, » sous la signature Paul de Lourdoueix ;

Considérant que cet article, en travestissant l'histoire, calomnie le grand acte par lequel l'empereur Napoléon Ier a rétabli en France le culte catholique,

Arrêtons :

Art. 1er. Un deuxième avertissement est donné au journal la *Gazette de France*, dans la personne de M. P. de Lourdoueix, signataire de l'article précité, et de M. Aubry-Foucault, gérant du journal.

Art. 2. Le préfet de police est chargé de l'exécution du présent arrêté.

Fait à Paris, le 13 février 1860.

Le ministre de l'intérieur,

BILLAULT.

L'OCÉAN.

13 février 1860.

Nous, préfet du Finistère,

Vu l'art. 32 du décret organique sur la presse du 17 février 1852 ;

Vu le premier avertissement donné au journal l'*Océan*, de Brest, sous la date du 14 février courant ;

Considérant que ladite feuille a reproduit, en grande partie, dans son numéro du 13 février, l'article qui a motivé la suppression du journal la *Bretagne ;*

Vu la dépêche de Son Excellence le ministre de l'intérieur, du 16 de ce mois, approbative d'un deuxième avertissement,

Arrêtons :

Art. 1er. Un deuxième avertissement est donné au journal l'*Océan*, de Brest, dans la personne de M. V. Waille, rédacteur en chef, et de M. Singery, gérant du journal.

Art. 2. M. le sous-préfet de Brest est chargé de l'exécution du présent arrêté.

Fait à Quimper, le 19 février 1860.

Le préfet du Finistère,
CH. RICHARD.

———

LE SIÈCLE.

9 mars 1860.

Nous, ministre de l'intérieur,

Vu l'article 32 du décret organique sur la presse du 17 février 1852 ;

Vu, dans le journal le *Siècle* du 9 mars 1860, l'article intitulé : *Examen critique de la religion chrétienne, Rénovation religieuse,* signé Louis Jourdan, ledit article rendant compte de deux ouvrages publiés à Bruxelles par M. Larroque, ancien recteur de l'Académie de Lyon ;

Vu notamment les passages de cet article ainsi conçus :

« Dans les deux ouvrages qu'il publie simultanément, et dont l'un est la conséquence de l'autre, il (M. Larroque) entreprend de démontrer l'impuissance actuelle, les contradictions, les erreurs, les puérilités des doctrines judaïque et chrétienne...

» Le vieil esprit religieux se retire des sociétés euro-

péennes; tous les clergés sans exception sont en pleine
décadence morale...

» Jetez un coup d'œil sur l'islamisme, sur le catholicisme, sur le protestantisme, et vous serez frappé du
vide immense dans lequel s'agitent les clergés de ces trois
grandes formes religieuses du passé...

» Pour l'observateur attentif, il n'est pas douteux que
les clergés actuellement existants sont occupés à se sui-
cider. Il ne faut pas seulement les laisser faire, il faut
les aider à accomplir la tâche providentielle qu'ils s'imposent...

» C'est ce genre de concours que M. P. Larroque vient
prêter aux divers clergés chrétiens...

» Il prend un à un les textes les plus importants, les
dogmes principaux, et il en démontre la vanité...

» Il aborde directement l'enseignement chrétien et
examine les dogmes fondamentaux...

» Il n'est pas un seul des points discutés par M. Larroque qui résiste à cet examen...

» L'arrêt de la justice qui a rendu ce livre à la circulation témoigne d'un progrès considérable qui s'est ac-
compli. Jusqu'ici... on pouvait bien critiquer certains
abus, certaines exagérations, et notamment celles dont
le parti ultramontain se fait l'écho, mais on devait s'arrêter là. L'ouvrage de M. Larroque... aura ce mérite
d'avoir rétabli l'équilibre et inauguré l'ère de la libre
discussion; »

Vu le réquisitoire de M. le procureur impérial près le Tribunal de première instance de la Seine, en date du 11 janvier 1860, portant (en ce qui concerne les ouvrages susdits publiés par M. Larroque) :

« Attendu que les ouvrages incriminés paraissent bien contenir dans leur ensemble un outrage envers les religions dont l'établissement est légalement reconnu; mais attendu, en ce qui concerne Larroque, qu'il n'est pas suffisamment établi qu'il ait participé d'une manière directe à la publication desdits ouvrages en France; vu d'ailleurs le consentement que cet inculpé a donné à la destruction des exemplaires saisis, requiert qu'il plaise à M. le juge d'instruction de prononcer qu'il n'y a lieu à poursuivre; »

Vu l'ordonnance de non-lieu, en date du 12 janvier 1860, par laquelle M. le juge d'instruction, « attendu que, eu égard aux circonstances de la cause, le fait de publication en France n'apparaît pas suffisamment; qu'il n'y a pas lieu dès lors d'examiner si les ouvrages incriminés contiennent les délits relevés, déclare n'y avoir lieu à poursuivre; »

Considérant que les attaques contenues dans l'article susvisé contre les principes fondamentaux du christianisme sont plus coupables encore, propagées par la voie de la presse périodique, que lorsqu'elles se produisent dans des ouvrages qui, par leur forme et leur nature, ne s'adressent qu'à un nombre très-limité de lecteurs,

Arrêtons :

Art. 1er. Un premier avertissement est donné au journal le *Siècle*, dans la personne de M. Sougère, l'un des gérants responsables, et de M. Louis Jourdan, signataire de l'article.

Art. 2. Le préfet de police est chargé de l'exécution du présent arrêté.

Paris, le 10 mars 1860.

Le ministre de l'intérieur,

BILLAULT.

L'ALGÉRIE NOUVELLE.

Mars 1860.

Rapport à l'Empereur.

Sire, je viens demander à Votre Majesté de vouloir bien, par application de l'article 32 du décret organique du 17 février 1852, ordonner la suppression du journal publié à Alger sous le titre de l'*Algérie nouvelle*.

Méconnaître tous les services rendus ; répandre contre l'armée des attaques aussi injustes que violentes ; chercher à jeter entre elle et les fonctionnaires de l'ordre civil les excitations d'une rivalité qu'heureusement le bon sens et le dévouement surent toujours repousser ; faire naître dans l'esprit des colons la méfiance qui produit le découragement ; représenter l'état de la colonie sous un aspect qui devait en éloigner ceux qui pourraient y vouloir porter leur industrie, leurs capitaux ; exposer le pays à d'incessantes agitations par une polémique menaçante pour bien des intérêts, et peut-être paralyser ainsi les efforts du gouvernement, telle semble être la tâche que l'*Algérie nouvelle* s'est imposée. Et je pourrais pourtant ajouter encore que ce journal ne suffisait pas aux passions des hommes qui le dirigeaient, car ils voulurent recourir à d'autres modes de publicité pour outrager, sans exception, tous les fonctionnaires les plus élevés, et descendre, dans une autre publication, aux plus grossières et aux plus mensongères allusions contre les dépositaires du pouvoir dans la colonie.

Ni la longanimité de l'administration, qui entendait laisser à la discussion de ses actes la plus entière liberté, ni ses avis officieux, n'avaient pu prévenir ces excès ; ses avertissements, ainsi que ceux de la justice, n'ont pu les faire cesser.

Ces excès, Sire, qui déjà avaient amené de déplorables scènes dans la ville d'Alger, ont de nouveau menacé d'avoir des conséquences qu'il a fallu toute la fermeté de l'autorité pour empêcher de dégénérer en véritable trouble apporté à l'ordre public.

En France, de semblables écarts ne sauraient être tolérés ; encore moins le peuvent-ils être dans cette colonie nouvelle qui, pour grandir et profiter des bienfaits que votre sollicitude ne cesse de répandre sur elle, a besoin du travail, qui ne peut exister sans la confiance et le calme.

J'ai donc la conviction, Sire, de donner satisfaction à tous les hommes sincèrement attachés à la prospérité de l'Algérie, à tous ceux qui veulent réellement le progrès de ses institutions civiles, et qui ont accueilli avec tant de gratitude tout ce que l'Empereur a fait dans cet intérêt, lorsque je viens demander à Votre Majesté d'approuver le décret qui prononce la suppression du journal l'*Algérie nouvelle*.

Je suis, etc.

Le ministre de l'Algérie et des colonies,

Comte DE CHASSELOUP-LAUBAT.

Décret.

Napoléon, etc.,

Sur la proposition de notre ministre de l'Algérie et des colonies ;

Vu l'article 32 du décret organique du 17 février 1852,

Avons décrété et décrétons ce qui suit :

Art. 1er. Le journal l'*Algérie nouvelle* est supprimé.

Art. 2. Notre ministre secrétaire d'État au département de l'Algérie et des colonies est chargé de l'exécution du présent décret, qui sera inséré au *Bulletin des Lois*.

NAPOLÉON.

L'AMI DE LA RELIGION.

2 avril 1860.

Nous, ministre de l'intérieur,

Vu l'article 32 du décret organique sur la presse du 17 février 1852 ;

Vu le premier avertissement donné au journal l'*Ami de la Religion*, à la date du 30 octobre 1859 ;

Vu l'article publié par cette feuille dans son numéro du 2 avril 1860, commençant par ces mots : « En consignant cette note…, » et finissant par ceux-ci : « Aux droits inaliénables de la liberté, » sous la signature A. Sisson, dans lequel, à propos de la loi organique du 18 germinal an x, il est dit que « la désuétude a frappé un certain nombre des dispositions de cette loi…;

» Qu'un grand nombre des articles organiques ne sont point en harmonie avec ce principe fondamental de droit public (la liberté des cultes)…; que la loi organique du Concordat n'a jamais été acceptée dans le for de l'Église ; que, sans lui contester le caractère légal

24*

dans l'ordre civil, il faut se rappeler que le saint siége et l'épiscopat français n'ont négligé aucune occasion de protester contre l'intrusion dans le domaine spirituel que cette loi arroge à la puissance civile...; »

Considérant que cet article contient une attaque formelle contre la loi organique qui, en promulguant le Concordat et en rétablissant l'exercice du culte catholique en France, a réglé les rapports de l'Église et de l'État,

Arrêtons :

Art. 1er. Un deuxième avertissement est donné au journal l'*Ami de la Religion*, dans la personne de M. l'abbé Sisson, signataire de l'article susvisé et directeur gérant du journal.

Art. 2. Le préfet de police est chargé de l'exécution du présent arrêté.

Fait à Paris, le 2 avril 1860.

Le ministre de l'intérieur,

BILLAULT.

LA PRESSE.

13 mai 1860.

Nous, ministre de l'intérieur,

Vu l'art. 32 du décret organique sur la presse du 17 février 1852 ;

Vu le premier avertissement donné au journal la *Presse*, à la date du 11 février 1860 ;

Vu l'article publié par cette feuille, dans son numéro du 13 courant, sous la signature de M. Félix Solar ;

Considérant qu'en présentant la France comme complice de la coalition étrangère qui a renversé le premier Empire, cet article a, dans un but facile à comprendre, calomnié le pays et blessé le sentiment national,

Arrêtons :

Art. 1er. Un deuxième avertissement est donné au journal la *Presse*, dans la personne de M. Mahias, rédacteur responsable, et de M. Félix Solar, signataire de l'article susvisé.

Art. 2. Le préfet de police est chargé de l'exécution du pésent arrêté.

Paris, le 15 mai 1860.

Le ministre de l'intérieur,

BILLAULT.

FIN

TABLE DES MATIERES.

FIN DE LA TABLE DES MATIÈRES.

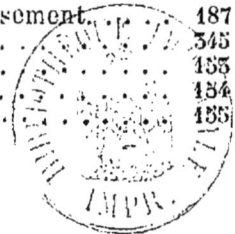

Paris. — Imprimerie de Wittersheim, 8, rue Montmorency.

www.ingramcontent.com/pod-product-compliance
Lightning Source LLC
Chambersburg PA
CBHW060540220326
41599CB00022B/3561